今注本二十四史

晋書

一一

傳〔一一〕

唐　房玄齡等　撰

梁滿倉　主持校注

中国社会科学出版社

晋書　卷三一

列傳第一

后妃上

宣穆張皇后　景懷夏侯皇后　景獻羊皇后　文明王皇后　武元楊皇后　武悼楊皇后 左貴嬪 胡貴嬪 諸葛夫人　惠賈皇后　惠羊皇后 謝夫人　懷王皇太后　元夏侯太妃

夫乾坤定位，男女流形，伉儷之義同歸，[1]貴賤之名異等。若乃作配皇極，齊體紫宸，[2]象玉床之連後星，[3]喻金波之合羲璧。[4]爰自夐古，是謂元妃；降及中年，乃稱王后。四人並列，光于帝嚳之宫；[5]二妃同降，著彼有虞之典。夏商以上，六宫之制，其詳靡得而聞焉。姬劉以降，[6]五翟之規，[7]其事可略而言矣。周禮，天子立一后、三夫人、九嬪、二十七世婦、八十一御妻，以聽王者内政。故《婚義》曰：[8]“天子之與后，如日之與月，陰之與陽。”由斯而譚，[9]其所從來遠矣。故能母儀天宇，助宣王化，德均載物，比大坤維，宗廟歆其薦羞，[10]穹壤俟其交泰。[11]是以哲王垂憲，尤重造舟之禮；[12]詩人立言，先奬《葛覃》之訓。[13]後燭流景，[14]所以裁其宴私；房樂希聲，是用節其容止。[15]履端正本，抑斯之謂歟！若乃娉納有方，防閑有禮，[16]肅尊儀而修四德，[17]體柔範而弘六義，[18]陰教洽於宫闈，淑譽騰於區域。則玄雲入户，上帝錫母萌之符，[19]黄神降徵，坤靈贊壽丘之道，[20]終能鼎祚惟永，胤嗣克昌。[21]至若儷極虧閑，[22]憑天作孽，[23]倒裳衣於衽席，[24]感朓側於弦望，[25]則龍漦結釁，[26]宗周鞠爲黍苗，[27]燕尾挺灾，[28]隆漢墜其枌社矣。[29]自曹劉内主，[30]位以色登，甄衛之家，[31]榮非德舉。淫荒挺性，蔑西郊之禮容；[32]婉孌含辭，[33]作南國之奇態。[34]詖謁由斯外入，[35]穢德於是内宣，椒掖播晨牝之風，[36]蘭殿絶河雎之響。[37]永言彤史，大練之範逾微；[38]緬視青蒲，[39]脱珥之猷替矣。[40]晋承其末，與世污隆。宣皇創基，功弘而道屈；穆后一善，勳侔於十亂。[41]洎乎世祖，[42]始親選良家，既而帝掩紈扇，躬行請託。后采長白，[43]實彰妒忌之情；賈納短青，[44]竟踐覆亡之轍。得失遺迹，焕在緗緗，[45]興滅所由，義同畫一。故列其本事，以爲《后妃傳》云。

[1]伉儷：夫婦。

[2]紫宸：指帝王。

[3]玉床之連後星：玉床指天床星，傳説爲天帝休息場所。所以玉床與帝后相連繫。後星，原本、宋本、殿本及中華本皆作“後星”。今注按：應作“后星”。

［4］金波之合羲璧：日月相合。金波，月亮。羲璧，太陽。

［5］帝嚳：上古帝王，姬姓，號高辛氏。

［6］姬劉：指周朝和漢朝。

［7］五翟之規：指後宫五等女子的等差規定。翟，古代女子繪有翟羽紋飾的上衣。

［8］《婚義》：即《昏義》，《禮記》中的篇名。

［9］由斯而譚：譚，同"談"，殿本作"談"。

［10］薦羞：敬獻的珍饈。

［11］穹壤俟其交泰：天地交泰，陰陽和平。

［12］造舟之禮：即婚禮。《詩·大雅·大明》："大邦有子，俔天之妹。文定厥祥，親迎於渭。造舟爲梁，不顯其光。"朱熹集傳："文，禮；祥，吉也。言卜得吉而以納幣之禮定其祥也。造，作；梁，橋也。作船於水，比之而加版於其上，以通行者，即今之浮橋也。《傳》曰：天子造舟，諸侯維舟，大夫方舟，士特舟。張子曰：造舟爲梁，文王所制，而周世遂以爲天子之禮也。"

［13］《葛覃》：《詩·國風·周南》中的一篇，歌頌后妃美好品質的詩歌。

［14］後燭流景：即不尚燭光異彩之意。後，以某事某物爲下。

［15］節其容止：約束儀容舉止。

［16］防閑：防，提防。閑，圈欄。引申爲防備和禁阻。《詩·齊風·敝笱序》："齊人惡魯桓公微弱，不能防閑文姜，使至淫亂，爲二國患焉。"

［17］四德：舊時婦女的四種美德。《周禮·天官·九嬪》："掌婦學之法，以教九御婦德、婦言、婦容、婦功。"鄭玄注："婦德謂貞順，婦言謂辭令，婦容謂婉娩，婦功謂絲枲。"

［18］六義：此指知、仁、聖、義、忠、和。

［19］母萌之符：《初學記》卷一〇《中宫部·皇后》引《易坤靈圖》："其母萌之，玄雲入户，蛟龍守門。"鄭玄注："謂慶都天皇之女，天帝以玄雲覆衛。"

[20]坤靈贊壽丘之道：指黄帝之母附寶誕育黄帝。《竹書紀年》卷一《五帝紀》：黄帝“母曰附寶，見大電繞北斗樞星，光照郊野，感而孕。二十五月而生帝於壽丘”。

[21]胤嗣克昌：子孫後代昌盛。

[22]儷極虧閑：帝后缺乏防閑之禮。儷極，帝后。

[23]憑天作孽：憑自己至高地位作惡。

[24]倒裳衣於衽席：指男女色事之不合常規。衽席，指男女色欲之事。《莊子・達生》：“人之所取畏者，衽席之上，飲食之間；而不知爲之戒者，過也。”成玄英疏：“况飲食之間，不能將節；衽席之上，恣其淫蕩，動之死地，萬無一全。”

[25]感朓側於弦望：通過月亮的圓缺感受其運行的疾緩。朓側，月行疾緩。

[26]龍漦（chí）結釁：指女禍。《國語・鄭語》：夏之衰，有二神龍止於王庭。“夏后卜殺之與去之與止之，莫吉。卜請其漦而藏之，吉。”及周厲王之末，发而觀之，漦流於庭，化爲玄黿。后宫童妾遇之而孕，生褒姒。周幽王寵褒姒，欲殺申后所生太子而立褒姒子伯服，引起申戎之亂，西周因此而亡。漦，口水。

[27]鞠爲黍苗：全都長出黍苗。喻周朝宫室變成一片廢墟。

[28]燕尾挺灾：《漢書》卷二七《五行志中》：“成帝時童謡曰：‘燕燕尾涏涏，張公子，時相見。木門倉琅根，燕飛來，啄皇孫，皇孫死，燕啄矢。’其後帝爲微行出游，常與富平侯張放俱稱富平侯家人，過陽阿主作樂，見舞者趙飛燕而幸之，故曰‘燕燕尾涏涏’，美好貌也。張公子謂富平侯也。‘木門倉琅根’，謂宫門銅鍰，言將尊貴也。後遂立爲皇后。弟昭儀賊害後宫皇子，卒皆伏辜，所謂‘燕飛來，啄皇孫，皇孫死，燕啄矢’者也。”

[29]枌社：即枌榆社。指劉邦故里。

[30]曹劉：曹操和劉備。

[31]甄衛之家：指曹魏文帝皇后甄氏家族。

[32]西郊之禮容：皇后行祭蠶神之禮於西郊。

考背世，始逾三年。仰奉慈親，冀無後艱。凶灾仍集，何辜于天。嗚呼哀哉！

[1]愍予不吊：上天不哀憐庇佑可憐的我。

[2]《明夷》：六十四卦之一。指太陽落山，一片黑暗。《易·明夷》："明夷，利艱貞。"孫星衍集解引鄭玄曰："夷，傷也，日出地上，其明乃光，至其入地，明則傷矣，故謂之明夷。"

[3]煢煢在疚：居喪中的孤獨。

[4]中饋允理：備辦家中衣食得當合理。

[5]外協時望：協，殿本作"叶"，讀 xié，和洽意。

[6]大罰薦臻：懲罰接連到來。

靈輀夙駕，[1]設祖中闈。[2]輼輬動軫，[3]既往不追。哀哀皇妣，永潛靈暉。進攀梓宫，顧援素旗。屏營窮痛，誰告誰依？訴情贈策，以舒傷悲。尚或有聞，顧予孤遺。嗚呼哀哉！

其後帝追慕不已，復下詔曰："外曾祖母故司徒王朗夫人楊氏，舅氏尊屬，鄭、劉二從母，先后至愛。每惟聖善，敦睦遺旨，渭陽之感，[4]永懷靡及。其封楊夫人及從母爲鄉君，邑各五百户。"太康七年，追贈繼祖母夏侯氏爲滎陽鄉君。

[1]靈輀夙駕：肅穆的靈車。

[2]設祖中闈：在後宫設下送行的祭奠。

[3]輼輬動軫：靈車啓動。

[4]渭陽：《詩·秦風·渭陽》："我送舅氏，曰至渭陽。"朱熹集傳："舅氏，秦康公之舅，晋公子重耳也。出亡在外，穆公召而

納之。時康公爲太子，送之渭陽而作此詩。”後因以“渭陽”爲表示甥舅情誼之典。

武元楊皇后

武元楊皇后諱艷，字瓊芝，弘農華陰人也。[1]父文宗，[2]見《外戚傳》；母天水趙氏，[3]早卒。后依舅家，舅妻仁愛，親乳養后，遣他人乳其子。及長，又隨後母段氏，[4]依其家。

[1]弘農：郡名，治所在弘農縣（今河南省靈寶市）。　華陰：縣名，治所在今陝西省華陰市東南。

[2]父文宗：中華本校勘記：“《校文》：《御覽》一三八引云后父炳，此作‘文宗’者，疑以字行。湯球、王隱《晋書輯本注》云，唐諱‘炳’，故所修書作‘文宗’。”

[3]天水：郡名，東漢及三國魏治冀縣（今甘肅省甘谷縣東南），西晋治所在上邽縣（今甘肅省天水市）。

[4]段氏：原本、宋本闕“氏”字，殿本有，據殿本補。

后少聰慧，善書，姿質美麗，閑於女工。有善相者嘗相后，當極貴，文帝聞而爲世子聘焉。甚被寵遇，生毗陵悼王軌、惠帝、秦獻王柬，[1]平陽、新豐、陽平公主。

[1]悼王軌：司馬軌，字正則，本書卷六四有傳。　秦獻王柬：司馬柬，字弘度，本書卷六四有傳。

武帝即位，立爲皇后。有司奏依漢故事，皇后、太子各食湯沐邑四十縣，而帝以非古典，不許。后追懷舅氏之恩，顯官趙俊，[1]納俊兄虞女粲於後宮爲夫人。

[1]顯官趙俊：授趙俊以顯達之官。

帝以皇太子不堪奉大統，密以語后。后曰："立嫡以長不以賢，豈可動乎？"初，賈充妻郭氏使賂后，[1]求以女爲太子妃。及議太子婚，帝欲娶衛瓘女。[2]然后盛稱賈后有淑德，又密使太子太傅荀顗進言，[3]上乃聽之。泰始中，帝博選良家以充後宫，先下書禁天下嫁娶，使宦者乘使車，給騶騎，[4]馳傳州郡，召充選者使后揀擇。后性妒，惟取潔白長大，其端正美麗者並不見留。時卞藩女有美色，帝掩扇謂后曰："卞氏女佳。"后曰："藩三世后族，其女不可枉以卑位。"帝乃止。司徒李胤、鎮軍大將軍胡奮、廷尉諸葛沖、太僕臧權、侍中馮蓀、秘書郎左思及世族子女並充三夫人九嬪之列。[5]司、冀、兖、豫四州二千石將吏家，[6]補良人以下。名家盛族子女，多敗衣瘁貌以避之。

[1]賈充：字公閭，本書卷四〇有傳。　郭氏：賈充妻，名郭槐，性妒忌。事迹《賈充傳》中有載。

[2]衛瓘：字伯玉，本書卷三六有傳。

[3]太子太傅：官名，與太子少傅並稱二傅，三國時並攝東宫事務，與尚書、東曹並掌太子、諸侯官署選舉。西晋時下設丞、功曹、主簿等屬官。三品。　荀顗：字景倩，本書卷三九有傳。

[4]騶騎：駕馭車馬的騎士。

［5］司徒：官名，西漢哀帝元壽二年（前1）改丞相爲大司徒，東漢光武帝時改名爲司徒，東漢末又改爲丞相。三國魏恢復三公制，改丞相爲司徒，管理民政。兩晋沿制，爲八公之一，在太尉之下、司空之上。與丞相通職，一般不並置，爲名譽宰相。一品。李胤：字宣伯，本書卷四四有傳。　鎮軍大將軍：官名，高級軍事長官，權任甚重。兩晋二品，開府位從公者一品。　胡奮：字玄威，本書卷五七有傳。　廷尉：官名，中央最高司法審判機構長官，負責會審朝中有罪文武大臣，覆核審决郡國疑獄等。三品。諸葛沖：西晋人，任廷尉、游擊將軍等職。山濤稱其“精果，有文武才”，見《太平御覽》卷二三九《職官部·游擊將軍》。　侍中：官名，東漢建安中與給事黄門侍郎出入禁中，省尚書事。曹魏時爲門下之侍中省長官常侍衛皇帝左右，掌顧問應對、諫諍糾察、平議奏事、駁奏異議等，權力甚重。三品。　馮蓀：任侍中、愍懷太子文學等職。　秘書郎：官名，秘書令屬官，掌管文書機要，亦掌整理典籍、考核舊文。六品。　左思：字太冲，本書卷九二有傳。三夫人：《南史》卷一〇《后妃傳序》：晋武帝采漢魏之制，置貴嬪、夫人、貴人，是爲三夫人。　九嬪：淑妃、淑媛、淑儀、修華、修容、修儀、婕妤、容華、充華。

［6］司：司州，治所在洛陽縣（今河南省洛陽市東北）。　冀：冀州，三國魏時治所在信都縣（今河北省衡水市冀州區），西晋移治房子縣（今河北省高邑縣西南）。　兖：兖州，三國魏治所在廩丘縣（今山東省鄆城縣西北），晋惠帝末，兖州闔境淪没於石勒。東晋元帝僑置兖州，治京口（今江蘇省鎮江市）。　豫：豫州，三國魏時治所在安城縣（今河南省正陽縣東北），西晋移治陳縣（今河南省周口市淮陽區）。

及后有疾，見帝素幸胡夫人，恐後立之，慮太子不安。臨終，枕帝膝曰：“叔父駿女男胤有德色，[1]願陛下以備六宮。”因悲泣，帝流涕許之。泰始十年，崩于明光殿，[2]絶于帝膝，時年三十七。詔曰：“皇后逮事先后，常冀能終始永奉宗廟，一旦殂隕，痛悼傷懷。每自以夙喪二親，於家門之情特隆。又有心欲改葬父祖，以頃者務崇儉約，[3]初不有言，近垂困，説此意，情益愍之。[4]其使領前軍將軍駿等自克改葬之宜，[5]至時，主者供給葬事。賜謚母趙氏爲縣君，以繼母段氏爲鄉君。傳不云乎，‘慎終追遠，民德歸厚’。[6]且使亡者有知，尚或嘉之。”

[1]駿：楊駿，字文長，本書卷四〇有傳。

[2]明光殿：洛陽宫殿名。《太平御覽》卷一七五《居處部·殿》：“《洛陽宫殿簿》有明光殿。”注引《三秦記》：“明光殿在桂宫中，皆以金玉珠璣爲簾，晝夜光明。”

[3]務崇儉約：約，原本、宋本作“守”，殿本作“約”，據殿本改。

[4]情益愍之：益，殿本作“亦”。

[5]領：地位高者兼理較低級職務。　前軍將軍：官名，四軍將軍之一，與後軍、左軍、右軍三將軍各領營兵千人，執掌護衛皇帝宫禁。四品。

[6]慎終追遠，民德歸厚：語出《論語·學而》。

於是有司卜吉，窀穸有期，[1]乃命史臣作哀策叙懷。其辭曰：[2]

天地配序，成化兩儀。王假有家，道在伉儷。姜嫄佐嚳，[3]二妃爲嬀。[4]仰希古昔，冀亦同規。今胡不然，景命夙虧。[5]嗚呼哀哉！

[1]窀（zhūn）穸（xī）：入葬。

[2]其辭曰：辭，殿本“詞”。

[3]姜嫄：相傳爲有邰氏之女，姜姓，帝嚳之妃。生子棄，好農耕，堯舜時爲農官，號稱後稷，爲姬周始祖。

[4]二妃爲嬀：堯嫁兩個女兒給舜之事。嬀，嬀水，位於今山西省永濟縣南，源出歷山，西流入黄河。《尚書·堯典》：“釐降二女於嬀汭，嬪於虞。”孔安國傳：“舜爲匹夫，能以義理下帝女之心於所居嬀水之汭，使行婦道於虞氏。”二，宋本作“一”。

[5]景命：大命。

我應圖籙，[1]統臨萬方。正位于内，實在嬪嬙。[2]天作之合，駿發之祥。河岳降靈，啓祚華陽。[3]奕世豐衍，朱紱斯煌。[4]纘女惟行，[5]受命溥將。[6]來翼家邦，憲度是常。緝熙陰教，[7]德聲顯揚。昔我先妣，暉曜休光。后承前訓，奉述遺芳。宜嗣徽音，[8]繼序無荒。如何不吊，背世隕喪。望齊無主，長去蒸嘗。[9]追懷永悼，率土摧傷。嗚呼哀哉！

[1]圖籙：圖讖符命。

[2]嬪嬙：皇帝後宫的女子，包括女官和嬪妃。

[3]華陽：此指華山之陽，非郡縣名。華，殿本作“豐”。

[4]朱紱：天子禮服上的裝飾。紱，通紼。宋本作“紼”。《白虎通·紼冕》：“紼者，何謂也？紼者，蔽也，行以蔽前，紼蔽者小，有事因以别尊卑，彰有德也。天子朱紼，諸侯赤紼。”

[5]纘女：生養皇位繼承人的女人。指皇后。

[6]受命溥將：受天之命光大帝王之業。

[7]緝熙陰教：光大女子教化。

[8]徽音：美好的聲譽。

[9]蒸嘗：本指秋冬二祭。後亦泛稱祭祀。

陵兆既窆，將遷幽都。宵陳夙駕，元妃其徂。宮闈遏密，階庭空虛。設祖布綍，告駕啓塗。服翬褕狄，[1]寄象容車。[2]金路晻藹，[3]裳帳不舒。千乘動軫，六驥躊躇。銘旌樹表，翣柳雲敷。[4]祁祁同軌，[5]岌岌蒸徒。[6]孰不云懷，哀感萬夫。寧神虞卜，[7]安體玄廬。[8]土房陶簋，齊制遂初。依行紀謚，聲被八區。雖背明光，亦歸皇姑。没而不朽，世德作謨。[9]嗚呼哀哉！

乃葬於峻陽陵。

[1]服翬（huī）褕狄：皇后所穿繪有五彩雉形的衣服。褕狄，皇后所穿衣服，因服上繪有雉形圖案，故名。“狄”通“翟”。《詩·鄘風·君子偕老》：“其之翟也。”毛亨傳：“褕翟、闕翟，羽飾衣也。”鄭玄箋：“侯伯夫人之服，自褕翟而下，如王后焉。”

[2]寄象容車：載有死者服飾及畫像的車子。

[3]金路晻藹：皇家金車也失去光輝。晻藹，陰暗。

[4]翣柳：棺材上的飾物。《周禮·天官·縫人》：“喪縫棺飾焉，衣翣柳之材。”鄭玄注引鄭司農曰：“皆棺飾。”孫詒讓正義：“凡覆柩車者，上曰柳，下曰墻。柳衣謂之荒，墻衣謂之帷。”

[5]祁祁同軌：衆車在同一軌迹上緩緩行駛。

[6]岌岌蒸徒：郁郁無歡的衆人。

[7]寧神虞卜：凝神屏氣期待卜筮結果。

[8]安體玄廬：把死者遺體安放在陵墓中。

[9]世德作謨：謨，宋本作“模”。

武悼楊皇后

武悼楊皇后諱芷，字季蘭，小字男胤，元后從妹。父駿，别有傳。以咸寧二年立爲皇后。婉嫕有婦德，[1]美映椒房，[2]甚有寵。生渤海殤王，早薨，遂無子。太康九年，后率内外夫人命婦躬桑于西郊，賜帛各有差。

[1]婉嫕（yì）：温順嫻静。

[2]椒房：皇帝後宫。

太子妃賈氏妒忌，帝將廢之。后言於帝曰："賈公閭有勛社稷，猶當數世宥之。賈妃親是其女，[1]正復妒忌之間，[2]不足以一眚掩其大德。"后又數誡厲妃，妃不知后之助己，因以致恨，謂后構之於帝，忿怨彌深。及帝崩，尊爲皇太后。賈后凶悖，忌后父駿執權，遂誣駿爲亂，使楚王瑋與東安王繇稱詔誅駿。[3]内外隔塞，后題帛爲書，射之城外，曰"救太傅者有賞"，賈后因宣言太后同逆。

[1]親是其女：殿本作“是其親女”。

[2]正復：即使，即便。

[3]楚王瑋：司馬瑋，字彦度，本書卷五九有傳。　東安王繇：司馬繇，字思玄，本書卷三八有傳。

駿既死，詔使後軍將軍荀悝送后于永寧宫。[1]特全后母高都君龐氏之命，聽就后居止。賈后諷群公有司奏曰："皇太后陰漸奸謀，圖危社稷，飛箭繫書，要募將士，同惡相濟，自絶于天。魯侯絶文姜，[2]《春秋》所許，蓋以奉順祖宗，任至公於天下。陛下雖懷無已之情，臣下不敢奉詔。可宜敕王公於朝堂會議。"詔曰："此大事，更詳之。"有司又奏："駿藉外戚之資，居冢宰之任，陛下既居諒闇，[3]委以重權，至乃陰圖凶逆，布樹私黨。皇太后内爲脣齒，協同逆謀，禍釁既彰，背捍詔命，阻兵負衆，血刃宫省，而復流書募衆，[4]以獎凶黨，上背祖宗之靈，下絶億兆之望。昔文姜與亂，《春秋》所貶，吕宗叛戾，高后降配，宜廢皇太后爲峻陽庶人。"中書監張華等以爲：[5]"太后非得罪於先帝者也，今黨惡所親，[6]爲不母於聖世。宜依孝成趙皇后故事，[7]曰武帝皇后，處之離宫，以全貴終之恩。"尚書令、下邳王晃等議曰：[8]"皇太后與駿潛謀，欲危社稷，不可復奉承宗廟，配合先帝。宜貶尊號，廢詣金墉城。"[9]於是有司奏："請從晃等議，廢太后爲庶人。遣使者以太牢告于郊廟，[10]以奉承祖宗之命，稱萬國之望。至於諸所供奉，可順聖恩，務從豐厚。"詔不許。有司又固請，乃可之。又奏："楊駿造亂，家屬應誅，詔原其妻龐命，以慰太后之心。今太后廢爲庶人，請以龐付廷尉行刑。"詔曰："聽龐與庶人相隨。"有司希賈后旨，固請，乃從之。龐臨刑，太后抱持號叫，截髮稽顙，上表詣賈后稱妾，請全母命，不見省。初，太后尚有侍御十餘人，[11]賈后奪之，絶膳而崩，時年三十四，在位十五年。賈后又信妖巫，謂太后必訴冤先帝，乃覆而殯之，施諸厭劾符書藥物。

[1]後軍將軍：官名，西晋武帝泰始八年（272）置，與前軍、左軍、右軍將軍合稱四軍將軍。各領兵千人，是護衛皇帝宫禁的主要禁軍將領之一。四品。　永寧宫：洛陽宫殿名。《太平御覽》卷一八四《居處部·閣》："《洛陽宫殿簿》：永寧宫連閣二百八十六間，十二間連閣上下數見親觀，差閣九間。"

[2]魯侯絶文姜：語出《左傳·莊公元年》："三月，夫人孫於齊。不稱姜氏，絶不爲親，禮也。"意思是：莊公的母親文姜逃奔齊國，《春秋》不稱她"姜氏"，是因爲莊公與她斷絶了母子關係，不再是親人。這是合於禮的。

[3]諒闇：皇帝居喪。

[4]而復流書募衆：復，宋本作"後"。

[5]中書監：官名，中書省長官之一。三國魏文帝初年分秘書置中書省，長官爲中書監、中書令。掌收納奏章、草擬詔令。平常不分高下，入朝時監略高於令。三品。　張華：字茂先，本書卷三六有傳。

[6]黨惡所親：中華本校勘記："《斠注》：《華傳》作'黨其所親'。按：《通鑑》八二用《張華傳》文，是也。"

[7]孝成趙皇后：即趙飛燕，原爲陽阿公主家歌女，因善舞體輕，故號飛燕。與其妹俱被召入宫中，姊妹專寵十餘年。哀帝即位後尊爲皇太后。哀帝死後被貶，旋廢爲庶人，自殺。

[8]尚書令：官名，秦漢時爲尚書署長官。秩位雖低，權力甚重。魏晋時沿置，爲尚書省長官，綜理全國政務，參議大政，爲高級政務長官。三品。　下邳王晃：司馬晃，字子明，本書卷三七有傳。

[9]金墉城：三國魏明帝時築。位於今河南省洛陽市東北漢魏

洛陽城故址西北角。金墉城三面開門，南曰乾光門，東曰含春門，北曰遲門。城内又置西宫，西晋改爲永昌宫。魏晋時被廢的皇帝及后妃都安置於此。城小而固，爲攻占戍守要地。

[10]太牢：用牛羊豕三牲祭祀稱太牢。《莊子·至樂》："具太牢以爲膳。"成玄英疏："太牢，牛羊豕也。"

[11]十餘人：十，宋本作"千"。

永嘉元年，追復尊號，别立廟，神主不配武帝。至成帝咸康七年，下詔使内外詳議。衛將軍虞潭議曰：[1]"世祖武皇帝光有四海，元皇后應乾作配。元后既崩，悼后繼作，至楊駿肆逆，禍延天母。孝懷皇帝追復號謚，豈不以鯀殛禹興，[2]義在不替者乎！又太寧二年，臣忝宗正，帝譜泯棄，罔所循按。時博諮舊齒，以定昭穆，與故驃騎將軍華恒、尚書荀崧、侍中荀邃因舊譜參論撰次，[3]尊號之重，一無改替。今聖上孝思，祗肅禋祀，[4]詢及群司，將以恢定大禮。臣輒思詳，[5]伏見惠皇帝《起居注》、群臣議奏，列駿作逆謀，危社稷，引魯之文姜、漢之吕后。臣竊以文姜雖莊公之母，實爲父仇；吕后寵樹私戚，幾危劉氏，按此二事異於今日。昔漢章帝竇后殺和帝之母，[6]和帝即位盡誅諸竇。當時議者欲貶竇后，及后之亡，欲不以禮葬。和帝以奉事十年，義不可違，臣子之道，務從豐厚，仁明之稱，表於往代。又見故尚書僕射裴頠議悼后故事，[7]稱繼母雖出，追服無改。是以孝懷皇帝尊崇號謚，還葬峻陵。此則母子道全，而廢事蕩革也。于時祭於弘訓之宫，未入太廟。蓋是事之未盡，非義典也。若以悼后復立爲宜，[8]

則應配食世祖；若以復之爲非，則譜謚宜闕，未有位號居正，而偏祠別室者也。若以孝懷皇帝私隆母子之道，特爲立廟者，此苟崇私情，有虧國典，則國譜帝諱，皆宜除棄，匪徒不得同祀於世祖之廟也。”會稽王昱、中書監庾冰、中書令何充、尚書令諸葛恢、尚書謝廣、光禄勛留擢、丹楊尹殷融、護軍將軍馮懷、散騎常侍鄧逸等咸從潭議，[9]由是太后配食武帝。

[1]衛將軍：官名，魏晋時位在名號將軍之上，多爲軍府名號，加給大臣、重要州郡長官。二品，開府位從公者一品。　虞潭：字思奥，本書卷七六有傳。

[2]鯀：傳説中古代部落酋長名，號崇伯。禹之父。曾奉堯命治水，因築堤堵水，九年未治平，被舜流放至羽山。　殛：流放。

[3]驃騎將軍：官名，西漢時爲重號將軍，東漢以後，居諸名號將軍之首，僅作爲軍府名號加授大臣或重要州郡長官。二品，開府位從公者一品。　華恒：字敬則，本書卷四四有傳。　尚書：官名，東漢尚書臺六曹各置尚書，秩六百石。魏晋出爲朝官，分掌尚書省諸曹，品秩提高。三品。　荀崧：字景猷，本書卷七五有傳。崧，原本、宋本作“松”，殿本作“崧”，據其本傳、殿本改。　荀邃：字道玄，本書卷三九有傳。

[4]祇肅禋祀：恭敬而肅穆地祭祀。

[5]臣輒思詳：詳，殿本作“議”。

[6]竇后：東漢章帝皇后，扶風平陵（今陝西省咸陽市西北）人，竇融曾孫女。自身無子，便誣害章帝宋貴人、梁貴人所生之子。和帝即位後臨朝聽政，又在和帝和宦官逼迫下歸政。　和帝之母：即東漢章帝梁貴人，梁竦之女。少爲伯母舞陰長公主所養。十六歲與中姊俱選入掖庭爲貴人。生和帝。竇后養爲己子，又忌梁氏，作飛書陷害梁竦，梁氏姊妹亦以憂卒。

[7]尚書僕射：官名，秦漢爲尚書令副貳，東漢建安四年（199）分置左、右，爲尚書省次官。三品。　裴頠：字逸民，本書卷三五有傳。

[8]復立：立，殿本作“位”。

[9]昱：司馬昱，即簡文帝，字道萬，本書卷九有紀。　庾冰：字季堅，本書卷七三有傳。　中書令：官名，掌收納尚書奏事、傳達皇帝詔旨。三國魏文帝初年分秘書置中書省，設中書監和中書令，職權甚重。三品。　何充：字次道，本書卷七七有傳。　諸葛恢：字道明，本書卷七七有傳。　光禄勛：官名，侍從皇帝左右，掌宫廷宿衛。西晋時兼掌原屬少府的一部分宫廷供御事務。三品。　丹楊尹：官名，東晋京城所在郡府長官，掌京城行政諸務並詔獄，亦稱“京尹”。三品。　殷融：東晋陳郡長平（今河南省西華縣東北）人，字洪遠，殷浩叔父，好《老》《易》，善玄言。歷任司徒左西屬、吏部尚書、太常卿等職。　護軍將軍：官名，東漢建安十二年（207）曹操改丞相府護軍爲中護軍，資重者可遷護軍將軍，典武官選舉，與中領軍同掌禁軍。曹魏時四品，西晋時三品。　馮懷：東晋人，歷任太常、護軍將軍、黄門侍郎、侍中等職。　散騎常侍：官名，三國魏文帝黄初年間置，侍從皇帝左右，諫諍得失，顧問應對，與侍中等共平尚書奏事。也用作宰相、諸公等加官，入宫議政。三品。

左貴嬪名芬。兄思，别有傳。芬少好學，善綴文，名亞於思，武帝聞而納之。泰始八年，拜修儀。[1]受詔作愁思之文，因爲《離思賦》曰：

生蓬户之側陋兮，[2]不閑習於文符。不見圖畫之妙像兮，不聞先哲之典謨。[3]既愚陋而寡識兮，謬忝厠於紫廬。[4]非草苗之所處兮，[5]恒怵惕以憂懼。懷思慕之忉怛兮，[6]兼始終之萬慮。嗟隱憂之沉積兮，[7]獨鬱結而靡訴。意慘憒而無聊兮，思纏綿以增慕。夜耿耿而不寐兮，魂憧憧而至曙。風騷騷而四起兮，霜皚皚而依庭。日晻曖而無光兮，[8]氣懰慄以洌清。[9]懷愁戚之多感兮，患涕淚之自零。

[1]修儀：女官名，九嬪之一。

[2]側陋：簡陋。

[3]典謨：經典。

[4]紫廬：皇宫。

[5]非草苗之所處兮：苗，殿本作“茅”。

[6]忉（dāo）怛（dá）：憂傷愁苦。

[7]嗟隱憂之沉積兮：隱，原本、宋本作“殷”，殿本作“隱”，據殿本改。

[8]晻曖：昏暗。

[9]懰慄：憂傷悲愴。　洌清：寒涼。

昔伯瑜之婉孌兮，[1]每彩衣以娛親。悼今日之乖隔兮，奄與家爲參辰。[2]豈相去之云遠兮，曾不盈乎數尋。[3]何言禁之清切兮，欲瞻睹而莫因。仰行雲以歔欷兮，涕流射而沾巾。惟屈原之哀感兮，嗟悲傷於離别。彼城闕之作詩兮，亦以日而喻月。况骨肉之相於兮，[4]永緬邈而兩絶。[5]長含哀而抱戚兮，仰蒼天而泣血。

[1]伯瑜：漢代人，姓韓。劉向《説苑·建本》：“伯俞有過，其母笞之，泣。其母曰：‘他日笞子，未嘗見泣，今泣，何也？’對曰：‘他日俞得罪，笞，嘗痛，今母之力不能使痛，是以泣。’”

婉孌：委婉含蓄。

［2］參辰：即參商。因商星也叫辰星，又稱參辰。二者分别在西方和東方，出没各不相見。比喻彼此隔絶。

［3］尋：八尺的長度。

［4］况骨肉之相於兮：於，宋本作“疑”。

［5］緬邈：遥遠。

亂曰：[1]骨肉至親，化爲他人，永長辭兮。慘愴愁悲，夢想魂歸，見所思兮。驚寤號咷，心不自聊，[2]泣漣洏兮。援筆舒情，涕淚增零，訴斯詩兮。

後爲貴嬪，姿陋無寵，以才德見禮。體羸多患，常居薄室，[3]帝每游華林，輒回輦過之。言及文義，辭對清華，左右侍聽，莫不稱美。

［1］亂：辭賦末尾的概括總結之語。

［2］心不自聊：心中不快樂。

［3］薄室：即暴室。《後漢書》卷一〇《皇后紀下·桓帝鄧皇后》：“八年，詔廢后，送暴室，以憂死。”李賢注引《漢官儀》：“暴室在掖庭内，丞一人，主宫中婦人疾病者。其皇后、貴人有罪，亦就此室也。”

及元楊皇后崩，芬獻誄曰：

惟泰始十年秋七月丙寅，[1]晉元皇后楊氏崩，嗚呼哀哉！昔有莘適殷，[2]姜姒歸周，[3]宣德中闈，徽音永流。樊衛二姬，[4]匡齊翼楚；馬鄧兩妃，[5]亦毗漢主。峨峨元后，光嬪晉宇。伉儷聖皇，比踪往古。遭命不永，背陽即陰。六宫號咷，四海慟心。

嗟余鄙妾，銜恩特深。追慕三良，[6]甘心自沉。何用存思？不忘德音。何用紀述？託辭翰林。[7]乃作誄曰：

[1]丙寅：原本作“景寅”。“景”爲“丙”的避諱字，以後本卷凡此避諱字均徑改，不再出注。

[2]有莘：有莘氏，古方國名，其女嫁給商湯。　適：女子出嫁。《世説新語·方正》：“諸葛恢大女適太尉庾亮兒，次女適徐州刺史羊忱兒。”

[3]姜姒：即周文王妃太姒，有莘氏女，姒姓。與上述有莘氏爲兩個方國。

[4]樊：樊姬，春秋楚莊王之姬。劉向《列女傳·楚莊樊姬》：“樊姬，楚莊王之夫人也。莊王即位，好狩獵。樊姬諫，不止，乃不食禽獸之肉。王改過，勤於政事。”　衛：衛姬，衛國人，齊桓公夫人。《列女傳·齊桓衛姬》：“衛姬者，衛侯之女，齊桓公之夫人也。桓公好淫樂，衛姬爲之不聽鄭衛之音。”

[5]馬：即東漢明帝馬皇后，扶風茂陵（今陝西省興平市東北）人，馬援小女。十三歲入太子劉莊宫。劉莊即位，封爲貴人，後立爲皇后。因無子，撫養皇子劉炟。每與明帝言及政事，多所補益。曾勸明帝寬宥，使楚王之獄免多冤濫。性恭敬節儉，章帝即位後，爲皇太后，勸誡章帝封爵諸舅。　鄧：即東漢和帝鄧皇后，名綏，南陽新野（今河南省新野縣）人，鄧禹孫女。永元七年（95）入宫，八年封爲貴人，十四年立爲皇后。和帝亡後，臨朝聽政近二十年。爲政寬簡，不尚奢華，在位期間多德政。

[6]三良：指周朝太姒、春秋時的樊衛二姬、東漢時馬鄧二皇后。

[7]翰林：文翰辭章。

嬪御罕有進幸者。

[1]平陽：郡名，治所在平陽縣（今山西省臨汾市西南）。

[2]荀勖：字公曾，本書卷三九有傳。　充女之美：美，殿本作“賢”。

[3]泰始八年二月辛卯：中華本校勘記：“二月己亥朔，無辛卯。”

帝常疑太子不慧，且朝臣和嶠等多以爲言，[1]故欲試之。盡召東宫大小官屬，爲設宴會，而密封疑事，使太子決之，停信待反。妃大懼，倩外人作答。答者多引古義。給使張泓曰：[2]“太子不學。而答詔引義，必責作草主，更益譴負。不如直以意對。”妃大喜，語泓：“便爲我好答，富貴與汝共之。”泓素有小才，具草，令太子自寫。帝省之，甚悦。先示太子少傅衛瓘，[3]瓘大踧踖，[4]衆人乃知瓘先有毁言，殿上皆稱萬歲。充密遣語妃云：“衛瓘老奴，幾破汝家。”

[1]和嶠：字長輿，本書卷四五有傳。

[2]給使：宫中職役。

[3]太子少傅：官名，與太子太傅並稱二傅，三國時並攝東宫事務，與尚書、東曹並掌太子、諸侯官署選舉。西晋時下設丞、功曹、主簿等屬官。三品。

[4]踧踖：既恭敬又不安。

妃性酷虐，嘗手殺數人。或以戟擲孕妾，子隨刃墮地。帝聞之，大怒，已修金墉城，將廢之。充華趙粲從容言曰：[1]“賈妃年少，妒是婦人之情耳，長自當差。願陛下察之。”其後楊珧亦爲之言曰：[2]“陛下忘賈公閭耶？”荀勖深救之，故得不廢。惠帝即位，立爲皇后，生河東、臨海、始平公主、哀獻皇女。

[1]充華：皇帝九嬪之一。

[2]楊珧：字文琚，本書卷四〇有傳。

后暴戾日甚。侍中賈模，后之族兄，右衛郭彰，[1]后之族舅，並以才望居位，與楚王瑋、東安公繇分掌朝政。后母廣城君養孫賈謐干預國事，[2]權侔人主。繇密欲廢后，賈氏憚之。及太宰亮、衛瓘等表繇徙帶方，[3]奪楚王中候，[4]后知瑋怨之，乃使帝作密詔令瑋誅瓘、亮，以報宿憾。模知后凶暴，恐禍及己，乃與裴頠、王衍謀廢之，[5]衍悔而謀寢。

[1]右衛：官名，即右衛將軍。三國魏咸熙二年（265），司馬炎即晋王位，分中衛將軍爲左、右衛將軍。掌佽飛虎賁及前驅、由基、强弩三部司馬，屬下還有虎賁、羽林、上騎、異力、命中五部督，負責宫禁侍衛。西晋屬中軍將軍，後屬領軍將軍。爲禁衛軍主要統帥之一，權任很重。四品。　郭彰：字叔武，本書卷四〇有傳。

[2]廣城君：賈充妻郭槐，賈后之母。　賈謐：字長深，本書卷四〇有傳。

[3]太宰：官名，即太師，因避司馬師名諱而改名太宰。八公之一，居上公之首，爲宰相之任。一品。　亮：司馬亮，字子翼，本書卷五九有傳。

[4]中候：官名，即北軍中候。掌監屯騎校尉、越騎校尉、步兵校尉、長水校尉、射聲校尉所領北軍五營。魏晋時增設禁軍兵力，由地位更高的中領軍統轄，北軍五營作用漸輕，北軍中候省置無常，常與中領軍並置。五品。候，原本作“侯”，宋本、殿本作“候”，據宋本、殿本改。

[5]王衍：字夷甫，本書卷四三有傳。

后遂荒淫放恣，與太醫令程據等亂彰内外。洛南有盜，[1]尉部小吏，[2]端麗美容止，既給厮役，忽有非常衣服，衆咸疑其竊盜，尉嫌而辯之。[3]賈后疏親欲求盜物，往聽對辭。小吏云：“先行逢一老嫗，説家有疾病，師卜云宜得城南少年厭之，欲暫相煩，必有重報。於是隨去，上車下帷，内簏箱中，[4]行可十餘里，過六七門限，開簏箱，忽見樓闕好屋。問此是何處，云是天上，即以香湯見浴，好衣美食將入。見一婦人，年可三十五六，短形青黑色，眉後有疵。見留數夕，共寢歡宴，臨出贈此衆物。”聽者聞其形狀，知是賈后，慚笑而去，尉亦解意。時他人入者多死，惟此小吏，以后愛之，得全而出。及河東公主有疾，師巫以爲宜施寬令，乃稱詔大赦天下。

[1]洛南有盜：中華本“盜”字後無標點符號。萬久富先生認爲，不聞魏晋有“盜尉”官名。按下文“既給厮役”“疑其盜竊”來看，意其原爲盜，後爲尉部小吏，因其“端麗美容止”故爲賈后所淫亂。查“盜門不入仕”是北魏以後的事，先爲盜，後爲吏，其時尚屬平常。據此，“有盜”當逗斷。(參見萬久富《〈晋書〉點校劄記》，《南通師範學院學報》1999 年第 3 期)

[2]尉部：司隸校尉部。

[3]尉嫌而辯之：尉部爲避嫌疑而令小吏説清楚。

[4]簏箱：用竹子編成的箱子。

初，后詐有身，内槁物爲産具，遂取妹夫韓壽子慰祖養之，[1]託諒闇所生，故弗顯。遂謀廢太子，以所養代立。時洛中謡曰："南風烈烈吹黄沙，遥望魯國鬱嵯峨，前至三月滅汝家。"后母廣城君以后無子，甚敬重愍懷，每勸厲后，使加慈愛。賈謐恃貴驕縱，不能推崇太子，廣城君恒切責之。及廣城君病篤，占術謂不宜封廣城，乃改封宜城。后出侍疾十餘日，太子常往宜城第，將醫出入，恂恂盡禮。宜城臨終執后手，令盡意於太子，言甚切至。又曰："趙粲及午必亂汝事，我死後，勿復聽入，深憶吾言。"后不能遵之，遂專制天下，威服内外。更與粲、午專爲奸謀，誣害太子，衆惡彰著。初，誅楊駿及汝南王亮、太保衛瓘、楚王瑋等，[2]皆臨機專斷，宦人董猛參預其事。猛，武帝時爲寺人監，[3]侍東宫，得親信於后，預誅楊駿，封武安侯，猛三兄皆爲亭侯，天下咸怨。

[1]韓壽：字德真，韓謐之父，本書卷四〇有傳。

[2]太保：官名，史上屢次廢置，三國魏末年復置。晋爲八公之一，位上公，在太宰、太傅之下。安置元老重臣，無職掌。一品。

[3]寺人監：官名，專由宦官擔任。七品。

及太子廢黜，趙王倫、孫秀等因衆怨謀欲廢后。[1]后數遣宫婢微服於人間視聽，其謀頗泄。后甚懼，遂害太子，以絶衆望。趙王倫乃率兵入宫，使翊軍校尉、齊王冏入殿廢后。[2]后與冏母有隙，故倫使之。后驚曰："卿何爲來！"冏曰："有詔收后。"后曰："詔當從我出，何詔也？"后至上閤，遥呼帝曰："陛下有婦，使人廢之，亦行自廢。"又問冏曰："起事者誰？"冏曰："梁、趙。"[3]后曰："繫狗當繫頸，今反繫其尾，何得不然！"至宫西，見謐尸，再舉聲而哭遽止。倫乃矯詔遣尚書劉弘等持節賫金屑酒賜后死。[4]后在位十一年。趙粲、賈午、韓壽、董猛等皆伏誅。

［1］趙王倫：司馬倫，字子彝，本書卷五九有傳。　孫秀：西晋琅邪臨沂（今山東省臨沂市）人，趙王倫心腹。趙王倫執政後任中書令，威震朝廷。趙王倫稱帝，任侍中、中書監、驃騎將軍等職。趙王倫失敗後被殺。　因衆怨謀欲廢后：怨，原本、宋本作"怒"，殿本作"怨"，據殿本、中華本校勘記改。

［2］翊軍校尉：官名，地位與北軍五校尉同。皇帝出行，與五校並行護駕。四品。　齊王冏：司馬冏，字景治，本書卷五九有傳。

［3］梁：梁王司馬肜，字子徽，本書卷三八有傳。

［4］劉弘：字和季，本書卷六六有傳。

臨海公主先封清河，洛陽之亂，爲人所略，傳賣吴興錢温。[1]温以送女，女遇主甚酷。元帝鎮建鄴，主詣縣自言。元帝誅温及女，改封臨海，宗正曹統尚之。

[1]吴興：郡名，治所在烏程縣（今浙江省湖州市南）。

惠羊皇后

惠羊皇后，諱獻容，泰山南城人。祖瑾，父玄之，並見《外戚傳》。賈后既廢，孫秀議立后。后外祖孫旂與秀合族，[1]又諸子自結於秀，故以太安元年立爲皇后。[2]將入宫，衣中有火。成都王穎伐長沙王乂，[3]以討玄之爲名。乂敗，穎奏廢后爲庶人，處金墉城。陳眕等唱伐成都，大赦，[4]復后位。張方入洛，[5]又廢后。方逼遷大駕幸長安，留臺復后位。[6]永興初，張方又廢后。河間王顒矯詔，[7]以后屢爲奸人所立，遣尚書田淑敕留臺賜后死。詔書累至，司隸校尉劉暾與尚書僕射荀藩、河南尹周馥馳上奏曰：[8]

奉被手詔，伏讀惶悴。臣案古今書籍，亡國破家，毁喪宗祊，[9]皆由犯衆違人之所致也。陛下遷幸，舊京廓然，衆庶悠悠，罔所依倚。家有跂踵之心，[10]人想鑾輿之聲，思望大德，釋兵歸農。而兵纏不解，處處互起，豈非善者不至、人情猜隔故邪！今上官巳犯闕稱兵，焚燒宫省，百姓諠駭，宜鎮之以静。而大使卒至，赫然執藥，當詣金墉，内外振動，[11]謂非聖意。羊庶人門户殘破，廢放空宫，門禁峻密，若絶天地，無緣得與奸人搆亂。衆無愚智，[12]皆謂不然，刑書猥至，罪不值辜，人心一憤，易致興動。夫殺一人而天下喜悦者，宗廟社稷之福也。今殺一枯窮之人而令天下傷慘，臣懼凶豎承聞，[13]妄生變故。臣忝司京輦，觀察衆心，實

晋書　卷三二

列傳第二

后妃下

元敬虞皇后 荀豫章君　明穆庾皇后　成恭杜皇后 周太妃　康獻褚皇后　穆章何皇后　哀靖王皇后　廢帝孝庾皇后　簡文宣鄭太后[1]　簡文順王皇后　孝武文李太后　孝武定王皇后　安德陳太后　安僖王皇后　恭思褚皇后

元敬虞皇后

元敬虞皇后，諱孟母，濟陽外黄人也。[2]父豫，見《外戚傳》。帝爲琅邪王，納后爲妃，無子。永嘉六年薨，時年三十五。

[1]簡文宣鄭太后：太后，原本、宋本卷首目録作“皇后”，據正文及中華本目録改。

[2]濟陽：郡名，惠帝時分陳留郡置，治所在濟陽縣（今河南省蘭考縣東北）。　外黄：縣名，治所在今河南省民權縣西北。

帝爲晋王，追尊爲王后。有司奏王后應别立廟。令曰："今宗廟未成，不宜更興作，便修飾陵上屋以爲廟。"太興三年，册曰："皇帝咨前琅邪王妃虞氏：朕祗順昊天成命，用陟帝位。[1]悼妃夙徂，徽音潛翳，御于家邦，靡所儀刑，[2]陰教有虧，用傷于懷。追號制謚，先王之典。今遣使持節兼太尉萬勝奉册贈皇后璽綬，[3]祀以太牢。魂而有靈，嘉兹寵榮。"乃祔于太廟，葬建平陵。

[1]用：因此。

[2]儀刑：效法的模範。

[3]太尉：官名，曹操爲丞相後，太尉府屬官歸相府，晋時太尉雖爲八公之一、三公之首，實爲名譽宰相，多爲大臣加官。一品。

太寧中，[1]明帝追懷母養之恩，贈豫妻王氏爲邳陽縣君，從母散騎常侍新野王罕妻爲平陽鄉君。[2]

[1]太寧中：中，殿本作"初"。

[2]新野：縣名，治所在今河南省新野縣。

豫章君荀氏，元帝宫人也。初有寵，生明帝及琅邪王裒，[1]由是爲虞后所忌。自以位卑，每懷怨望，爲帝所譴，漸見疏薄。及明帝即位，封建安君，别立弟宅。[2]太寧元年，帝迎還臺内，供奉隆厚。及成帝立，尊重同於太后。咸康元年薨。詔曰："朕少遭憫凶，慈訓無稟，撫育之勤，建安君之仁也。一旦薨殂，實思報復，永惟平昔，感痛哀摧。其贈豫章郡君，别立廟于京都。”

[1]琅邪王裒：司馬裒，字道成，本書卷六四有傳。

[2]别立弟宅：弟，殿本作“第”。

明穆庾皇后

明穆庾皇后，諱文君，潁川鄢陵人也。[1]父琛，見《外戚傳》。后性仁惠，美姿儀。元帝聞之，聘爲太子妃，以德行見重。

[1]潁川：郡名，治所在許昌縣（今河南省許昌市東）。 鄢陵：縣名，治所在今河南省鄢陵縣西北。

明帝即位，立爲皇后。册曰：“妃庾氏昔承明命，作嬪東宫，虔恭中饋，思媚軌則。履信思順，以成肅雍之道；[1]正位閨房，以著協德之美。[2]朕夙罹不造，煢煢在疚。群公卿士，稽之往代，僉以崇嫡明統，載在典謨，宜建長秋，[3]以奉宗廟。是以追述先志，不替舊命，使使持節兼太尉授皇后璽綬。夫坤德尚柔，婦道承姑，崇粢盛之禮，[4]敦螽斯之義。[5]是以利在永貞，克隆堂基，母儀天下，潛暢陰教。鑒于六列，[6]考之篇籍，禍福無門，盛衰由人，雖休勿休。[7]其敬之哉，可不慎歟！”

［1］肅雍：贊頌婦人美德之詞。典出《詩·召南·何彼襛矣》："曷不肅雍，王姬之車。"《詩序》説："《何彼襛矣》，美王姬也。雖則王姬，亦下嫁於諸侯，車服不繫其夫，下王后一等，猶執婦道以成肅雍之德也。"

［2］以著協德之美：萬久富先生認爲，應作"以著協德之義"。"成肅雝之道"與"著協德之義"爲對文，"道"對"義"亦允，文意順暢。"義"與"美"形近，似誤。《文選·齊敬皇后哀册文》注引《晋中興書》，"之美"正作"之義"。（參見萬久富《〈晋書〉點校劄記》，《南通師範學院學報》1999年第3期）

［3］長秋：原指長秋殿。《三輔黄圖·漢宫·長信宫》："長信宫，漢太后常居之。按《通靈記》：'太后，成帝母也。后宫在西，秋之象也。秋主信，故殿皆以長信、長秋爲名。'"因長秋殿爲皇后的居所，故後世多以長秋指代皇后、皇太后。此處"長秋"指皇后。

［4］粢盛：古代盛在祭器内以供祭祀的穀物。

［5］螽斯：多子多孫的典故。典出《詩·周南·螽斯序》："螽斯，后妃子孫衆多也，言若螽斯不妒忌，則子孫衆多也。"

［6］六列：指《古列女傳》之母儀、賢明、仁智、貞順、節義、辨通六篇。

［7］雖休勿休：語出《尚書·吕刑》："雖畏勿畏，雖休勿休。"意爲雖然被人敬畏，不要自以爲可敬可畏；雖然被人贊美，不要自以爲行善德美。

及成帝即位，[1]尊后曰皇太后。群臣奏：天子幼冲，宜依漢和熹皇后故事。辭讓數四，不得已而臨朝攝萬機。后兄中書令亮管詔命，[2]公卿奏事稱皇太后陛下。咸和元年，有司奏請追贈后父及夫人毌丘氏，后陳讓不許，三請不從。

[1]及成帝即位：成，殿本作“武”。

[2]亮：庾亮，字元規，本書卷七三有傳。

及蘇峻作逆，[1]京都傾覆，后見逼辱，遂以憂崩，時年三十二。后即位凡六年。其後帝孝思罔極，[2]贈琛驃騎大將軍、儀同三司，[3]毌丘氏安陵縣君，[4]從母荀氏永寧縣君，何氏建安縣君。亮表陳先志，讓而不受。

[1]蘇峻：字子高，本書卷一〇〇有傳。

[2]孝思罔極：罔，殿本作“無”。

[3]驃騎大將軍：官名，魏晋制度，驃騎將軍爲重號將軍，僅次於大將軍，高於諸名號將軍，本不需加“大”字。然兩晋時將軍名號越授越濫，遂又增置此號，居諸名號將軍之首。多加於權臣元老，以示尊崇。開府置僚屬，不領兵。二品，開府位從公者一品。

儀同三司：官名，東漢始置。爲大臣加號，意謂與太尉、司徒、司空三司待遇相同。

[4]毌丘氏安陵縣君：中華本校勘記：“《斠注》：《御覽》二〇二引《中興書》‘安陵’作‘安陽’。按：晋無安陵縣，而有東安陵縣，疑此當作‘安陽縣君’。”

成恭杜皇后

成恭杜皇后，諱陵陽，[1]京兆人，[2]鎮南將軍預之曾孫也。[3]父乂，見《外戚傳》。成帝以后奕世名德，咸康二年備禮拜爲皇后，即日入宫。帝御太極前殿，群臣畢賀，晝漏盡，懸籥，[4]百官乃罷。后少有姿色，然長猶無齒，有來求婚者輒中止。及帝納采之日，[5]一夜齒盡生。改宣城陵陽縣爲廣陽縣。七年三月，后崩，年二十一。外官五日一臨，内官旦入，[6]葬訖止。后在位六年，無子。

[1]諱陵陽：中華本校勘記："《考異》：《宋書·州郡志》杜皇后諱'陵'，此衍'陽'字。咸康四年以後諱改宣城之陵陽縣爲廣陽，可證后名無'陽'字。"

[2]京兆：郡名，治所在長安縣（今陝西省西安市西北）。

[3]鎮南將軍：官名，與鎮東、鎮西、鎮北將軍合稱四鎮將軍。多爲持節都督，出鎮方面。曹魏二品。晋改三品，加持節都督者二品。　預：杜預，字元凱，本書卷三四有傳。

[4]懸簫：停止奏樂。簫，管樂器，泛指樂器。

[5]納采：古代婚禮六禮之一。男方向女方送求婚禮物。

[6]内官旦入：殿本"旦"下有"一"字。

先是，三吴女子相與簪白花，望之如素奈，[1]傳言天公織女死，爲之著服，至是而后崩。帝下詔曰："吉凶典儀，誠宜備設；然豐約之度，亦當隨時，況重壤之下，而崇飾無用邪！今山陵之事，一從節儉，陵中唯潔掃而已，不得施塗車、芻靈。"[2]有司奏造凶門、柏歷及調挽郎，[3]皆不許。又禁遠近遣使。明年元會，[4]有司奏廢樂。詔廢管絃，奏金石如故。

[1]素奈：奈，今稱沙果。分赤奈、白奈兩種。素奈即白奈。《文選·左思〈蜀都賦〉》："朱櫻春熟，素奈夏成。"李善注："素奈，白奈也。"

[2]塗車、芻靈：泥車、草馬，古代送葬之物。《禮記·檀弓下》："塗車、芻靈，自古有之，明器之道也。"孫希旦集解："塗

車、芻靈，皆送葬之物也。”

[3]凶門：舊時辦喪事在門外用白絹或白布結扎成門形，稱“凶門”。　柏歷：古時人始死，立木於庭中，上横一木如門，叫重。横木下懸鬲，即“歷”。中盛粥，謂爲死者神所憑依，葬後始改用木主。魏晋以來又有凶門柏歷置於門外以表喪，略似後世的喪事牌樓。　挽郎：出殯時牽引靈柩唱挽歌的人。

[4]元會：朝廷禮儀，每年元月初一朝會群臣。

孝武帝立，寧康二年，以后母裴氏爲廣德縣君。裴氏名穆，長水校尉綽孫，[1]太傅主簿遐女，[2]太尉王夷甫外孫。中表之美，高於當世。遐隨東海王越遇害，無子。唯穆渡江，遂享榮慶，立第南掖門外，世所謂杜姥宅云。

[1]長水校尉：官名，五校尉之一，統宿衛兵，魏晋時隸屬中領軍。四品。

[2]太傅主簿：官名，太尉府屬官，典領文書籍簿，省録衆事，職權甚重。

章太妃周氏，以選入成帝宫，有寵，生哀帝及海西公。始拜爲貴人。哀帝即位，詔有司議貴人位號，太尉桓温議宜稱夫人，[1]尚書僕射江彪議應曰太夫人。[2]詔崇爲皇太妃，儀服與太后同。又詔“朝臣不爲太妃敬，合禮典不”。太常江逌議：[3]“位號不極，不應盡敬。”興寧元年薨。帝欲服重，[4]江彪啓應緦麻三月。[5]詔欲降爲期年，[6]彪又啓“厭屈私情，所以上嚴祖考”，[7]帝從之。

[1]桓温：字元子，本書卷九八有傳。

[2]江虨：字思玄，本書卷五六有傳。

[3]江逌：字道載，本書卷八三有傳。

[4]服重：重喪服。此指夫爲妻齊衰三年。

[5]緦麻：喪服中最輕者，用細麻布制成，服期三月。

[6]期年：一年。

[7]“厭屈私情”句：意爲降壓同代人喪服的規格，以此表示對祖輩的敬重。

康獻褚皇后

康獻褚皇后，諱蒜子，河南陽翟人也。[1]父裒，見《外戚傳》。后聰朗有器識，少以名家入爲琅邪王妃。及康帝即位，立爲皇后，封母謝氏爲尋陽鄉君。

[1]河南：郡名，治所在洛陽縣（今河南省洛陽市東北）。陽翟：縣名，治所在今河南省禹州市。

及穆帝即位，尊后曰皇太后。時帝幼冲，未親國政。領司徒蔡謨等上奏曰：[1]“嗣皇誕哲岐嶷，繼承天統，率土宅心，[2]兆庶蒙賴。陛下體兹坤道，訓隆文母。昔塗山光夏，簡狄熙殷，[3]實由宣哲，以隆休祚。伏惟陛下德侔二嬀，[4]淑美《關雎》，臨朝攝政，以寧天下。今社稷危急，兆庶懸命，臣等章惶，一日萬機，[5]事運之期，天禄所鍾，非復冲虚高讓之日。漢和熹、順烈，並亦臨朝，近明穆故事，以爲先制。臣等不勝悲怖，謹伏地上請。乞陛下上順祖宗，下念臣吏，推公弘道，以協天人，則萬邦承慶，群黎更生。”太后詔曰：“帝幼冲，當賴群公卿士將順匡救，以酬先帝禮賢之意，且是舊德世濟之美，則莫重之命不墜，祖宗之基有奉，是其所以欲正位于内而已。所奏懇到，形于翰墨，執省未究，以悲以懼。先后允恭謙挹，思順坤道，所以不距群情，固爲國計。豈敢執守冲暗，以違先旨。輒敬從所奏。”於是臨朝稱制。有司奏，謝夫人既封，荀、卞二夫人亦應追贈，皆后之前母也。太后不許。太常殷融議依鄭玄義，[6]衛將軍裒在宫庭則盡臣敬，太后歸寧之日自如家人之禮。太后詔曰：“典禮誠所未詳，如所奏，是情所不能安也，更詳之。”征西將軍翼、南中郎尚議謂：[7]“父尊盡於一家，君敬重於天下，鄭玄義合情禮之中。”太后從之。自後朝臣皆敬裒焉。

[1]領司徒：兼司徒。以地位較高的官員兼理較低的職務曰領。司徒，官名，西漢哀帝元壽二年（前1）改丞相爲大司徒，東漢光武帝時改名爲司徒，東漢末又改爲丞相。三國魏恢復三公制，改丞相爲司徒，管理民政。兩晉沿制，爲八公之一，在太尉之下、司空之上。與丞相通職，一般不並置，爲名譽宰相。一品。　蔡謨：字道明，本書卷七七有傳。

[2]宅心：歸心。心悦誠服而歸附。《漢書》卷一〇〇《叙傳下》：“項氏畔换，黜我巴漢，西土宅心，戰士憤怨。”顔師古注引晋灼曰：“西土，關西也。高祖入關，約法三章，秦民大悦，皆宅心高祖。”

[3]簡狄：相傳爲帝嚳妻子，商代祖先契的生母。《史記》卷三《殷本紀》：“殷契，母曰簡狄，有娀氏之女，爲帝嚳次妃。三人行浴，見玄鳥墮其卵，簡狄取吞之，因孕生契。”

[4]二嬀：即娥皇、女英。

［5］一日萬機：機，殿本作“幾”。

［6］鄭玄：東漢北海高密（今山東省高密市西南）人，字康成，著名經學家。師事古文經學家馬融，兼通今古經文，破兩家門户，遍注群經，自成一家之言。　義：殿本作“議”。本段下文“鄭玄義”同。

［7］征西將軍：官名，東漢永元年間置，地位與雜號將軍、偏將軍、裨將軍等同。建安年間與征東、征南、征北將軍合稱四征將軍，地位提高。三品，加持節都督者二品。　翼：庾翼，字稚恭，本書卷七三有傳。　南中郎：後疑脱“將”字。　尚：謝尚，字仁祖，本書卷七九有傳。

帝既冠，[1]太后詔曰：“昔遭不造，帝在幼冲，皇緒之微，眇若贅旒。[2]百辟卿士率遵前朝，[3]勸喻攝政。以社稷之重，先代成義，僶俯敬從，弗遑固守。仰憑七廟之靈，[4]俯仗群后之力，帝加元服，禮成德備，當陽親覽，[5]臨御萬國。今歸事反政，一依舊典。”於是居崇德宫，手詔群公曰：“昔以皇帝幼冲，從群后之議，既以暗弱，又頻丁極艱，銜恤歷祀，沉憂在疚。司徒親尊德重，訓救其弊，王室之不壞，實公是憑。帝既備兹冠禮，而四海未一，五胡叛逆，[6]豺狼當路，費役日興，百姓困苦。願諸君子思量遠算，戮力一心，輔翼幼主，匡救不逮。未亡人永歸别宫，以終餘齒。仰惟家國，故以一言託懷。”

［1］冠：冠禮。古代男子到成年則舉行加冠禮，叫做冠。一般在二十歲。《禮記·曲禮上》：“男子二十冠而字。”鄭玄注：“成人矣，敬其名。”

[2]眇若贅旒：像贅旒一樣微小。贅旒，連綴在旌旗上的飄帶。《公羊傳·襄公十六年》："君若贅旒然。"何休注："旒，旂旒；贅，繫屬之辭，若今俗名就婿爲贅婿矣。以旂旒喻者，爲下所執持東西。"贅，殿本作"綴"。

[3]百辟：百官。

[4]七廟：古代禮制，天子七廟。魏晋南北朝以前，無嚴格意義的皇家七廟制度。三國以後鄭玄、王肅又對七廟制度有各自的解釋。鄭玄認爲七廟包括始祖、二祧、兩昭、兩穆。王肅認爲是太祖、二祧、兩昭、兩穆。實踐中依照王肅主張的居多。

[5]當陽：南面向陽。指天子之位。

[6]五胡：十六國時期入主中原的五個少數民族，通常指鮮卑、匈奴、羯、氐、羌。

及哀帝、海西公之世，太后復臨朝稱制。[1]桓温之廢海西公也，太后方在佛屋燒香，内侍啓云"外有急奏"，太后乃出。尚倚户前視奏數行，乃曰"我本自疑此"，至半便止，[2]索筆答奏云："未亡人罹此百憂，感念存没，心焉如割。"温始呈詔草，慮太后意異，悚動流汗，見於顔色。及詔出，温大喜。

[1]及哀帝、海西公之世，太后復臨朝稱制：中華本校勘記："李校：《哀帝紀》惟興寧二年帝以服藥致疾，崇德太后復臨朝攝政，至《海西公紀》不言有臨朝事，'世'字當是'際'字之誤。"

[2]至半便止：殿本無"止"字。

簡文帝即位，尊后爲崇德太后。及帝崩，孝武帝幼冲，桓温又薨。群臣啓曰："王室多故，禍艱仍臻，國憂始周，復喪元輔，天下惘然，[1]若無攸濟。[2]主上雖聖資奇茂，固天誕縱，[3]而春秋尚富，如在諒闇，蒸蒸之思，未遑庶事。伏惟陛下德應坤厚，宣慈聖善，遭家多艱，臨朝親覽。光大之美，化洽在昔，謳歌流咏，播溢無外。雖有莘熙殷，妊姒隆周，[4]未足以喻。是以五謀克從，[5]人鬼同心，仰望來蘇，[6]懸心日月。夫隨時之義，《周易》所尚，寧固社稷，大人之任。伏願陛下撫綜萬機，釐和政道，[7]以慰祖宗，以安兆庶。不勝憂國喁喁至誠。”太后詔曰：“王室不幸，仍有艱屯。[8]覽省啓事，感增悲嘆。内外諸君，並以主上春秋冲富，加蒸蒸之慕，未能親覽，號令宜有所由。苟可安社稷，利天下，亦豈有所執，輒敬從所啓。但暗昧之闕，望盡弼諧之道。”[9]於是太后復臨朝。帝既冠，乃詔曰：“皇帝婚冠禮備，遐邇宅心，宜當陽親覽，緝熙惟始。今歸政事，率由舊典。”於是復稱崇德太后。

[1]天下惘然：惘，宋本作“惟”。

[2]若無攸濟：無所補救。

[3]固天誕縱：固然有天賦之資。

[4]妊姒：殿本作“任姒”，本卷下文此人名同。

[5]五謀：謀及卜、筮、鬼、神、人得出的五種結果。

[6]來蘇：謂因其來而於困苦中獲得蘇息。

[7]釐和：治理協和。

[8]艱屯：艱難困頓。

[9]弼諧：輔佐諧調。

太元九年，崩于顯陽殿，[1]年六十一，在位凡四十年。太后於帝爲從嫂，朝議疑其服。太學博士徐藻議曰：[2]“資父事君而敬同。又禮云‘其夫屬父道者，妻皆母道也’，則夫屬君道，妻亦后道矣。服后以齊，母之義也。魯譏逆祀，以明尊卑。[3]今上躬奉康、穆、哀皇及靖后之祀，致敬同於所天，豈可敬之以君道，而服廢於本親。謂應齊衰期。”[4]從之。

[1]顯陽殿：洛陽宫殿。《太平御覽》卷一七五《居處部·殿》引《晋宫閣名》：“太極殿十二間，徽音殿、顯陽殿、暉章殿、含章殿、建始殿、仁壽殿、百福殿、清暑殿、章華殿、嘉福殿、宣光殿、修明殿、嘉樂殿、芙蓉殿、崇光殿、華光殿、蔬圃殿、華德殿、九華殿、章陽殿、百兒殿、芳德殿、靈圃殿、承光殿、永寧殿、景福殿、延休殿、百子殿、虞清殿、淵冥殿、安昌殿。”

[2]太學博士：學官，掌經學傳授，參議禮儀制度。六品。

[3]以明尊卑：中華本校勘記：“《禮志》中、《宋志》二、《通典》八〇、《通考》一二一‘尊卑’皆作‘尊尊’，乃用《穀梁傳》文公二年‘君子不以親親害尊尊’之義。徐藻、徐邈父子治《穀梁》，此作‘尊尊’爲是。”

[4]齊（zī）衰（cuī）：喪服名。五服之一。服用粗麻布制成，以其緝邊縫齊，故稱“齊衰”。服期有不同，爲繼母、慈母服三年；孫爲祖父母、夫爲妻服一年，爲曾祖父母服五個月；爲高祖父母服三個月。

穆章何皇后

穆章何皇后，諱法倪，廬江灊人也。[1]父準，見《外戚傳》。以名家膺選。升平元年八月，下璽書曰：

“皇帝咨前太尉參軍何琦：[2]混元資始，[3]肇經人倫，[4]爰及夫婦，以奉天地宗廟社稷。謀于公卿，咸以宜率由舊典。今使使持節太常彪之、宗正綜，[5]以禮納采。”琦答曰：“前太尉參軍、都鄉侯糞土臣何琦稽首頓首再拜。[6]皇帝嘉命，訪婚陋族，備數采擇。臣從祖弟故散騎侍郎準之遺女，[7]未閑教訓，衣履若如人。[8]欽承舊章，肅奉典制。”又使兼太尉、武陵王晞，[9]兼太尉、中領軍洽，[10]持節奉册立爲皇后。

[1]廬江：郡名，治所在舒縣（今安徽省廬江縣西南）。　灊：縣名，治所在今安徽省霍山縣東北。

[2]太尉參軍：官名，太尉府佐官。參軍，亦作參軍事，謂參謀軍事。兩晋公府、軍府皆置。　何琦：字萬倫，本書卷八八有傳。

[3]混元資始：天地從其開始。

[4]肇：創始，開始。

[5]彪之：王彪之，字叔武，本書卷七六有傳。

[6]頓首：此爲書表用語，表示致敬。

[7]散騎侍郎：官名，三國魏置。隸屬散騎省，侍從皇帝左右，顧問應對，諫諍拾遺，與散騎常侍、侍中等共平尚書奏事。五品。　準：何準，字幼道，本書卷九三有傳。

[8]若如人：若干人。

[9]太尉：殿本作“太保”。　武陵王晞：司馬晞，字道叔，本書卷六四有傳。

[10]洽：王洽，字敬和，本書卷六五有傳。

后無子。哀帝即位，稱穆皇后，居永安宫。桓玄篡位，[1]移后入司徒府。路經太廟，后停輿慟哭，哀感路人。玄聞而怒曰："天下禪代常理，何預何氏女子事邪！"乃降后爲零陵縣君。與安帝俱西，至巴陵。[2]及劉裕建義，[3]殷仲文奉后還京都，[4]下令曰："戎車屢警，黎元阻饑。而膳御豐靡，[5]豈與百姓同其儉約。減損供給，勿令游過后。"后以遠還，[6]欲奉拜陵廟。有司以寇難未平，奏停。元興三年崩，[7]年六十六，在位凡四十八年。

[1]桓玄：字敬道，本書卷九九有傳。

[2]巴陵：縣名，治所在今湖南省岳陽市。

[3]劉裕：字德輿，小名寄奴，彭城（今江蘇省徐州市）人，南朝宋開國皇帝。世居京口，初爲東晉冠軍司馬，後被劉牢之任爲參軍。歷任鎮軍將軍、都督十六州諸軍事，官至相國，受封宋王。元熙二年（420）代晉稱帝。卒謚武皇帝，廟號高祖。　建義：義，原本、宋本作"議"，殿本作"義"，據殿本改。

[4]殷仲文：本書卷九九有傳。

[5]膳御：膳，原本、宋本作"贍"，殿本作"膳"，據殿本改。

[6]后以遠還：后，殿本作"時"。

[7]元興三年崩：元興，原本、宋本、殿本作"永興"，據中華本校勘記改。

哀靖王皇后

哀靖王皇后，諱穆之，太原晋陽人也。[1]司徒左長史濛之女也。[2]后初爲琅邪王妃。哀帝即位，立爲皇后，追贈母爰氏爲安國鄉君。后在位三年，無子。興寧二年崩。

[1]太原：郡名，治所在晋陽縣（今山西省太原市西南）。

[2]司徒左長史：官名，司徒長史爲司徒府掾屬之長，佐司徒總管府内諸曹，分左、右，左高於右。六品。　濛：王濛，字仲祖，本書卷九三有傳。

廢帝孝庾皇后

廢帝孝庾皇后，[1]諱道憐，潁川鄢陵人也。父冰，自有傳。初爲東海王妃。及帝即位，立爲皇后。太和六年崩，[2]葬于敬平陵。帝廢爲海西公，追貶后曰海西公夫人。太元十一年，[3]海西公薨于吴，又以后合葬于吴陵。

[1]庾皇后：皇，宋本作“望”。

[2]太和六年崩：中華本校勘記：“‘六年’疑當作‘元年’。《海西公紀》、《天文志》下及《宋書·禮志三》、《御覽》一五一引《晋中興書》皆云其死在太和元年。”

[3]太元十一年：原本、宋本、殿本作“太元九年”，據中華本校勘記改。

簡文宣鄭太后

簡文宣鄭太后，諱阿春，河南滎陽人也。[1]世爲冠族。祖合，臨濟令。[2]父愷，字祖元，安豐太守。[3]

[1]滎陽：縣名，治所在今河南省滎陽市東北。

[2]臨濟：縣名，治所在今山東省高青縣東南。

［3］安豐：郡名，曹魏文帝分廬江郡置，治所在安豐縣（今河南固始縣東南），西晋移治安風縣（今安徽省霍邱縣西南）。

后少孤，無兄弟，唯姊妹四人，后最長。先適渤海田氏，[1]生一男而寡，依于舅濮陽吴氏。元帝爲丞相，敬后先崩，將納吴氏女爲夫人。后及吴氏女並游後園，或見之，言於帝曰："鄭氏女雖釐，[2]賢於吴氏遠矣。"建武元年，納爲琅邪王夫人，甚有寵。后雖貴幸，而恒有憂色。帝問其故，對曰："妾有妹，中者已適長沙王褒，[3]餘二妹未有所適，恐姊爲人妾，無復求者。"帝因從容謂劉隗曰：[4]"鄭氏二妹，卿可爲求佳對，使不失舊。"隗舉其從子傭娶第三者，以小者適漢中李氏，[5]皆得舊門。帝召王褒爲尚書郎，[6]以悦后意。后生琅邪悼王、簡文帝、尋陽公主。帝稱尊號，后雖爲夫人，詔太子及東海、武陵王皆母事之。帝崩，后稱建平國夫人。

［1］渤海：郡名，西漢置，西晋治所在南皮縣（今河北省南皮縣東北）。

［2］釐：通"嫠"。寡居。

［3］長沙：郡名，治所在臨湘縣（今湖南省長沙市）。

［4］劉隗：字大連，本書卷六九有傳。

［5］漢中：郡名，治所在南鄭縣（今陝西省漢中市）。

［6］尚書郎：官名。東漢之制，取孝廉中之有才能者入尚書臺，在皇帝左右處理政務。初入臺稱守尚書郎中，滿一年稱尚書郎，滿三年稱侍郎。魏晋以後尚書各曹有侍郎、郎中等官，綜理政務，通稱爲尚書郎。六品。

咸和元年薨，簡文帝時爲琅邪王，制服重。有司以王出繼，宜降所生，國臣不能匡正，奏免國相諸葛頤。[1]王上疏曰："亡母生臨臣國，没留國第，臣雖出後，亦無所厭，則私情得叙。昔敬后崩，孝王已出繼，亦還服重。此則明比，[2]臣所憲章也。"[3]明穆皇后不奪其志，乃徙琅邪王爲會稽王，追號后曰會稽太妃。及簡文帝即位，未及追尊。臨崩，封皇子道子爲琅邪王，領會稽國，奉太妃祀。

[1]國相：官名，王國相。西漢初諸侯王國置相國、丞相。曹魏咸熙元年（264）封公侯伯子男爵，各有封國，相國乃各封國中的行政長官。至西晋武帝太康十年（289），改王國相爲内史，公國以下仍稱相。五品。

[2]比：事例，成例。

[3]憲章：效法。

太元十九年，孝武帝下詔曰："會稽太妃文母之德，徽音有融，誕載聖明，光延于晋。先帝追尊聖善，朝議不一，道以疑屈。朕述遵先志，常惕于心。今仰奉遺旨，依《陽秋》、二漢、孝懷皇帝故事，[1]上太妃尊號曰簡文太后。"[2]於是立廟於太廟路西，陵曰嘉平。時群臣希旨，多謂鄭太后應配食於元帝者。帝以問太子前率徐邈，[3]邈曰："臣案《陽秋》之義，母以子貴。魯隱尊桓母，别考仲子之宫而不配食於惠廟。[4]又平素之時，不伉儷於先帝，至於子孫，豈可爲祖考立配？其崇尊盡禮，由於臣子，故得稱太后，陵廟備典。若乃祔葬配食，則義所不可。”從之。

［1］《陽秋》：即春秋。東晋時因避簡文帝母鄭太后阿春諱，改春爲“陽”。

［2］上太妃尊號曰簡文太后：中華本校勘記：“《斠注》：當從《孝武紀》作‘簡文宣太后’。按：《册府》二九亦有‘宣’字。”

［3］太子前率：官名，太子前衛率的簡稱。西晋惠帝置，與左、右、後衛率各帥一軍，宿衛東宫，亦任征伐，地位頗重。五品。 徐邈：字仙民，本書卷九一有傳。

［4］“魯隱尊桓母”句：《左傳·隱公元年》：魯惠公的夫人聲子生隱公。另一個夫人仲子生桓公。魯惠公立桓公爲太子。魯惠公去世後，隱公擁立桓公而自己輔佐朝政。仲子去世後，隱公又爲仲子立廟舉行祭奠，而不是配食於魯惠公之廟。

簡文順王皇后

簡文順王皇后，諱簡姬，太原晋陽人也。父遐，見《外戚傳》。后以冠族，初爲會稽王妃，生子道生，爲世子。永和四年，母子並失帝意，俱被幽廢，后遂以憂薨。咸安二年，孝武帝即位，追尊曰順皇后，合葬高平陵，追贈后父遐特進、光禄大夫，[1]加散騎常侍。

［1］特進：官名，三國兩晋時表示有特殊地位，或用作安置閑退大臣。二品。 光禄大夫：官名，三公等大臣告老回家即拜此職，或作爲在朝顯職的加官。三品，開府位從公者一品。

孝武文李太后

孝武文李太后，諱陵容，本出微賤。始簡文帝爲會稽王，有三子，俱夭。自道生廢黜，[1]獻王早世，[2]其後諸姬絶孕將十年。帝令卜者扈謙筮之，曰："後房中有一女，當育二貴男，其一終盛晋室。"時徐貴人生新安公主，以德美見寵。帝常冀之有娠，而彌年無子。會有道士許邁者，[3]朝臣時望多稱其得道。帝從容問焉，答曰："邁是好山水人，本無道術，斯事豈所能判！但殿下德厚慶深，宜隆奕世之緒，當從扈謙之言，以存廣接之道。"帝然之，更加采納。又數年無子，乃令善相者召諸愛妾而示之，皆云非其人，又悉以諸婢媵示焉。時后爲宫人，在織坊中，[4]形長而色黑，宫人皆謂之崑崙。既至，相者驚云："此其人也。"帝以大計，召之侍寢。后數夢兩龍枕膝，日月入懷，意以爲吉祥，向儕類説之，[5]帝聞而異焉，遂生孝武帝及會稽文孝王、鄱陽長公主。[6]

[1]道生：司馬道生，字延長，本書卷六四有傳。
[2]獻王：司馬郁，字深仁，本書卷六四有傳。
[3]許邁：字叔玄，本書卷八〇有傳。
[4]織坊：亦稱織室，宫中掌管絲帛禮服等織造的機構。
[5]儕類：同類人或事。
[6]會稽文孝王：司馬道子，字道子，本書卷六四有傳。

及孝武帝初即位，尊爲淑妃。太元三年，進爲貴人。九年，又進爲夫人。十二年，加爲皇太妃，儀服一同太后。十九年，會稽王道子啓："母以子貴，慶厚禮崇。伏惟皇太妃純德光大，休祐攸鍾，啓嘉祚於聖明，嗣徽音於上列。雖幽顯同謀，而稱謂未盡，非所以仰述聖心，允答天人。宜崇正名號，詳案舊典。”八月辛巳，帝臨軒，[1]遣兼太保劉耽尊爲皇太后，稱崇訓宫。安帝即位，尊爲太皇太后。

[1]臨軒：皇帝不坐正殿而御前殿。殿前堂陛之間近檐處兩邊有檻楯，如車之軒，故稱。

隆安四年，崩于含章殿。朝議疑其服制，左僕射何澄，右僕射王雅，尚書車胤、孔安國，祠部郎徐廣等議曰：[1]“太皇太后名位允正，體同皇極，理制備盡，情禮兼申。[2]《陽秋》之義，母以子貴，既稱夫人，禮服從正。故成風顯夫人之號，[3]文公服三年之喪。[4]子於父母之所生，體尊義重。且禮祖不厭孫，固宜追服無屈，而緣情立制。若嫌明文不存，則疑斯從重，謂應同於爲祖母後齊衰三年。”從之。皇后及百官皆服齊衰期，永安皇后一舉哀。於是設廬於西堂，凶儀施于神獸門，葬修平陵，神主祔于宣太后廟。

[1]左僕射：官名，即尚書左僕射，尚書省次官，輔助尚書令執行政務，參議大政，諫諍得失，監察糾彈百官。有時尚書省不置令，祇設左、右僕射，此時左僕射居右僕射之上。三品。　何澄：字季玄，本書卷九三有傳。　右僕射：官名，即尚書右僕射。尚書令副手，掌拆閱封緘奏章文書、參議政事、諫諍駁議、監察百官。位在左僕射之下。三品。　王雅：字茂達，本書卷八三有傳。　車胤：字武子，本書卷八三有傳。　孔安國：字安國，本書卷七八有傳。中華本校勘記：“據《孔安國傳》，安國時爲領軍，‘孔安國’

上疑脱‘領軍’二字。”　祠部郎：官名，亦稱祠部郎中。尚書祠部曹長官，多以明禮通儒擔任，掌宗廟祭祀禮樂制度。六品。　徐廣：字野民，本書卷八二有傳。

[2]情禮兼申：申，殿本作“中”。

[3]成風顯夫人之號：《左傳·文公五年》：“五年春，王使榮叔來含且賵，召昭公來會葬，禮也。”杜預注：“成風，莊公之妾。天子以夫人禮賵之，明‘母以子貴’，故曰‘禮’。”

[4]文公：文，原本、宋本、殿本作“昭”，據中華本改。

孝武定王皇后

孝武定王皇后，諱法慧，哀靖皇后之姪也。父蘊，[1]見《外戚傳》。初，帝將納后，訪于公卿。于時蘊子恭以弱冠見僕射謝安，[2]安深敬重之。既而謂人曰：“昔毛嘉耻於魏朝，[3]楊駿幾傾晋望。[4]若帝納后，有父者，唯曆望如王蘊乃可。”既而訪蘊女，容德淑令，乃舉以應選。寧康三年，中軍將軍桓冲等奏曰：[5]“臣聞天地之道，蓋相須而化成；帝后之德，必相協而政隆。然後品物流形，彝倫攸序，[6]靈根長固，本枝百世。[7]天人同致，莫不由此。是以塗山作儷，而夏族以熙；妊姒配周，而姬祚以昌。今長秋將建，宜時簡擇。伏聞試守晋陵太守王蘊女，[8]天性柔順，四業允備。[9]且盛德之胄，美善先積。臣等參議，可以配德乾元，恭承宗廟，徽音六宫，母儀天下。”於是帝始納焉。封蘊妻劉氏爲樂平鄉君。后性嗜酒驕妒，帝深患之。乃召蘊於東堂，[10]具説后過狀，令加訓誡。蘊免冠謝焉。后於是少自改飾。太元五年崩，年二十一，葬隆平陵。

［1］藴：王藴，字叔仁，本書卷九三有傳。

［2］恭：王恭，字孝伯，本書卷八四有傳。　弱冠：指男子二十歲時。《禮記·曲禮上》："二十曰弱，冠。"年少爲弱，待至二十，即爲成年，舉行冠禮。　謝安：字安石，本書卷七九有傳。

［3］毛嘉：曹魏明帝毛皇后的父親。歷任奉車都尉、騎都尉、光禄大夫等職。

［4］晋望：望，殿本作"室"。

［5］中軍將軍：官名，西晋時統左右衛、前後左右驍騎等宿衛七營禁軍，主管京師及朝廷警衛。泰始四年（268）罷，置北軍中候代其職。後爲將軍名號，與鎮軍將軍、撫軍將軍並爲三名號將軍，不統禁兵。三品。　桓冲：字幼子，本書卷七四有傳。

［6］彝倫：常理，常道。

［7］本枝百世：枝，殿本作"支"。

［8］試守：試行代理。　晋陵：郡名，治所在京口（今江蘇省鎮江市）。

［9］四業：此指女子四德。

［10］東堂：太極殿東堂。《景定建康志》卷二一《城闕志·古宫殿》："太極殿，建康宫内正殿也。晋初造以十二間，象十二月。至梁武帝改製十三間，象閏焉。高八丈，長二十七丈，廣十丈，内外並以錦石爲砌次。東有太極東堂七間次，西有太極西堂七間。"

安德陳太后

安德陳太后，諱歸女，松滋尋陽人也。[1]父廣，以倡進，仕至平昌太守。[2]后以美色能歌彈，入宫爲淑媛，生安、恭二帝。太元十五年薨，贈夫人。追崇曰皇太后，神主祔于宣太后廟，陵曰熙平。

［1］松滋：東晋成帝時僑置郡，治所在尋陽縣（今江西省九江

市東），安帝時廢爲縣。

［2］平昌：郡名，治所在平昌縣（今山東省諸城市西北）。

安僖王皇后

安僖王皇后，諱神愛，琅邪臨沂人也。[1]父獻之，[2]見别傳；母新安愍公主。后以太元二十一年納爲太子妃。及安帝即位，立爲皇后。無子。義熙八年崩於徽音殿，時年二十九，葬休平陵。

［1］琅邪：封國名，治所在今山東省臨沂市。　臨沂：縣名，治所在今山東省費縣東。

［2］獻之：王獻之，字子敬，本書卷八〇有傳。

恭思褚皇后

恭思褚皇后，諱靈媛，河南陽翟人，義興太守爽之女也。[1]后初爲琅邪王妃。元熙元年，立爲皇后，生海鹽、富陽公主。及帝禪位于宋，降爲零陵王妃。宋元嘉十三年崩，時年五十三，祔葬冲平陵。

［1］義興：郡名，治所在陽羡縣（今江蘇省宜興市）。　爽：褚爽，字弘茂，本書卷九三有傳。

史臣曰：方祇體安，[1]儷乾儀而合德；圓舒循晷，[2]配羲曜以齊明。[3]故知陽爍陰凝，萬物假其陶鑄；[4]火炎水潤，六氣由其調理。取譬賢淑，作伉文思，靈根式固，實資於此。宣穆閲禮，偶德潛鱗，[5]翊天造之艱虞，[6]嗣塗山之逸響，[7]寶運歸其後胤，蓋有母儀之助焉。武元楊氏預聞朝政，明不逮遠，愛溺私情，深杜衛瓘之言，不曉張泓之詐，運其陰沴，[8]韜映乾明，晋道中微，基於是矣。惠皇稟質，王縱其嚚，識暗鳴蛙，智昏文蛤。[9]南風肆狡，扇禍稽天。[10]初踐椒宫，逞梟心於長樂；[11]方觀梓樹，頒鴆羽於離明。[12]褒后滅周，方之蓋小；末妃傾夏，[13]曾何足喻。中原陷於鳴鏑，其兆彰於此焉。昔者高宗諒闇，總百官于元老；[14]成王冲眇，[15]託萬機于上公。太后御扆，諒知非古。而明穆、康獻，仍世臨朝，時屬委裘，[16]躬行負扆。[17]各免華陽之釁，竟躡和熹之踪，保陵遲以克終，所幸實爲多矣。

[1]方祇：大地。

[2]圓舒：圓月。

[3]羲曜：太陽。

[4]陶鑄：用土作胚模以鑄造銅器。比喻造就人才。

[5]偶德潜鱗：指宣帝司馬懿的配偶少有德行。潜鱗，本指魚，此喻司馬懿韜光隱晦。

[6]翊天造之艱虞：協助司馬懿度過天大的憂患和艱難。

[7]逸響：消失的聲音。

[8]陰沴：陰陽四時不合而産生的灾害。

[9]識暗鳴蛙，智昏文蛤：指惠帝智力低下，詢問蛙鳴爲公爲私之事。

[10]扇禍稽天：製造彌天大禍。

[11]梟心：野心，凶惡之心。

[12]頒鴆羽於離明：指賈后光天化日之下毒殺愍懷太子之事。鴆羽，毒酒。離明，太陽光。

[13]末妃：末，殿本作“妹”。本卷下文“末升夷癸”同。

[14]“高宗諒闇”句：《禮記·檀弓下》“子張問曰：‘《書》云：高宗三年不言，言乃讙。有諸？’仲尼曰：‘胡爲其不然也？古者天子崩，王世子聽於冢宰三年。’”意爲殷高宗居喪三年期間，將政事交由冢宰主持。

[15]成王：周成王，姬姓，名誦。周武王之子，繼位時年幼，由周公旦輔政。　冲眇：幼小。

[16]委裘：皇帝位虛設。《漢書》卷四八《賈誼傳》：“卧赤子天下之上而安，植遺腹，朝委裘，而天下不亂。”顔師古注引孟康曰：“委裘，若容衣，天子未坐朝，事先帝裘衣也。”

[17]負扆（yǐ）：指臨朝聽政。

贊曰：二妃光舜，三母翼周。[1]末升夷癸，[2]褒進亡幽。家邦興滅，職此之由。穆后沉斷，忘情執爨。故劍辭恩，[3]池蒲起嘆。[4]崇化繁祉，肇基商亂。[5]二楊繼寵，福極灾生。南風熾虐，國喪身傾。獻容幸亂，居辱疑榮。援筆廢主，[6]持尺威帝。[7]契闊終罹，殷憂以斃。芬實窈窕，芳菲婉嫕。吕妾變嬴，[8]黄姬化芈。[9]石文遠著，[10]金行潛徙。[11]婦德傾城，迷朱奪紫。[12]

[1]三母：周代三位賢母。《後漢書》卷一〇《皇后紀上·和熹鄧皇后》：“有虞二妃，周室三母，修行佐德，思不逾閾。”李賢注：“三母，謂后稷母姜嫄，文王母大任，武王母大姒也。”

[2]末升夷癸：妹喜升位毁滅夏桀。末，妹喜。癸，夏桀，名履癸。

[3]故劍辭恩：指司馬懿妻張氏因失寵欲絶食自殺之事。故劍，指原配之妻。典出《漢書》卷九七上《外戚傳上·孝宣許皇后傳》：漢宣帝即位前，曾娶許廣漢之女君平。即位後，公卿議立霍

光之女爲皇后，宣帝乃“詔求微時故劍”。群臣知其意，乃議立許氏爲皇后。

[4]池蒲起嘆：池中蒲葦也因此而感嘆不已。

[5]肇基商亂：引發動亂的源頭。亂，宋本作“辭”。

[6]援筆廢主：指賈后矯詔害死太子。

[7]持尺威帝：尺，牙尺。《困學紀聞》卷一三《考史》：“《后妃傳贊》：‘持尺威帝。’《庾亮傳論》：‘牙尺垂訓，帝深念於負芒。’按殷芸《小説》：晋成帝時，庾后臨朝，諸庾誅南頓王宗。帝問：‘南頓何在？’答曰：‘黨峻作賊，已誅。’帝知非黨，曰：‘言舅作賊，當復云何？’庾后以牙尺打帝頭，云：‘兒何以作爾語！’帝無言，惟張目熟視，諸庾甚懼。”周一良先生曾引此事。（參見《魏晋南北朝史札記》，中華書局1985年版）

[8]呂妾變嬴：呂不韋改變嬴秦。呂妾，呂不韋。戰國末衛國濮陽（今河南省濮陽市西南）人，原爲大商人，幫助在趙國爲質的秦國異人回國繼位，任相國。秦王嬴政時被尊爲“仲父”。後因嫪毐事受牽連，被流放蜀郡，自殺。

[9]黄姬化羋：黄歇改變楚國。黄姬，黄歇。戰國時楚人，好養食客，與齊國孟嘗君、趙國平原君、魏國信陵君並稱戰國“四公子”。羋，楚姓。原本、宋本、殿本作“芊”，據中華本改。

[10]石文遠著：象徵晋朝祥瑞的石文遠去不明顯了。石文，《三國志》卷三《魏書·明帝紀》注引《魏氏春秋》：張掖郡發現帶圖的石頭：“麒麟在東，鳳鳥在南，白虎在西，犧牛在北，馬自中布列四面，色皆蒼白。其南有五字，曰‘上上三天王’；又曰‘述大金，大討曹，金但取之，金立中，大金馬一匹在中，大吉開壽’。”金爲晋朝的五行，所以，此石爲晋代曹魏的祥瑞之徵。

[11]金行潛徙：晋朝的天運暗暗地改變。

[12]迷朱奪紫：朱紫二色迷亂。典出《論語·陽貨》：“子曰：‘惡紫之奪朱也。’”何晏注：“孔曰：‘朱，正色。紫，間色之好者。惡其邪好而奪正色。’”

晋書　卷三三

列傳第三

王祥 弟覽　鄭冲　何曾 子劭 遵　石苞 子崇 歐陽建 孫鑠

王祥

王祥，字休徵，琅邪臨沂人，[1]漢諫議大夫吉之後也。[2]祖仁，青州刺史。[3]父融，公府辟不就。[4]

[1]琅邪：封國名，治所在今山東省臨沂市。　臨沂：縣名，治所在今山東省費縣東。

[2]諫議大夫：官名，掌議論顧問、參謀應對。　吉：王吉，西漢琅邪皋虞（今山東省即墨市東北）人，字子陽。歷任益州刺史、博士、諫議大夫等職。多次諫宣帝除任子之令，去角抵、減樂府、省尚方，示天下以儉。

[3]青州：治所在臨淄縣（今山東省淄博市東北）。

[4]辟：徵召任命。

祥性至孝。早喪親，繼母朱氏不慈，數譖之，由是失愛於父。每使掃除牛下，祥愈恭謹。父母有疾，衣不解帶，湯藥必親嘗。母常欲生魚，時天寒冰凍，祥解衣將剖冰求之，冰忽自解，雙鯉躍出，持之而歸。母又思黄雀炙，復有黄雀數十飛入其幕，復以供母。鄉里驚嘆，以爲孝感所致焉。有丹奈結實，[1]母命守之，每風雨，祥輒抱樹而立。[2]其篤孝純至如此。

[1]丹奈：亦稱赤奈，今稱沙果。

[2]抱樹而立：立，殿本作“泣”。

漢末遭亂，扶母携弟覽避地廬江，[1]隱居三十餘年，[2]不應州郡之命。母終，居喪毁瘁，[3]杖而後起。徐州刺史吕虔檄爲别駕，[4]祥年垂耳順，[5]固辭不受。覽勸之，爲具車牛，祥乃應召，虔委以州事。于時寇盜充斥，祥率勵兵士，頻討破之。州界清静，政化大行。時人歌之曰：“海沂之康，實賴王祥。邦國不空，别駕之功。”

[1]廬江：郡名，三國魏、吴於境内各置廬江郡，魏治所在六安縣（今安徽省六安市北），吴治所在皖縣（今安徽省潛山市）。西晋合爲一，治所在舒縣（今安徽省廬江縣西南）。

[2]隱居三十餘年：中華本校勘記：“《考異》：祥以泰始五年薨，年八十五，上溯漢建安九年，祥始二十歲，即使避地更在其前，距爲徐州别駕之日袛二十餘年耳。此‘三十’當爲‘二十’之誤。”

[3]毁瘁：此指身體健康遭到損毁。

[4]徐州：治所在彭城縣（今江蘇省徐州市）。　吕虔：三國時任城（今山東省微山縣西北）人，字子恪。初任曹操從事，後領

泰山太守，督青州諸郡兵討東萊群賊李條等有功。曹丕即王位，加裨將軍，封益壽亭侯，遷徐州刺史，加威虜將軍。　別駕：官名，別駕從事、別駕從事史省稱。州部佐官，因從刺史行部，別乘傳車，故稱。位居州吏之右。

[5]耳順：指六十歲。

舉秀才，[1]除温令，[2]累遷大司農。[3]高貴鄉公即位，[4]與定策功，封關内侯，拜光禄勛，[5]轉司隸校尉。[6]從討毌丘儉，[7]增邑四百户，遷太常，[8]封萬歲亭侯。天子幸太學，[9]命祥爲三老。[10]祥南面几杖，以師道自居。天子北面乞言，祥陳明王聖帝君臣政化之要以訓之，聞者莫不砥礪。[11]

[1]秀才：察舉科目，州舉秀才，郡舉孝廉。

[2]除：任命，授官。　温：縣名，治所在今河南省温縣西南。

[3]大司農：官名，掌管全國財政和各地的屯田。三品。

[4]高貴鄉公：曹髦，字彦士，曹丕孫。曹芳被廢後立爲帝。後爲司馬昭部下成濟所殺。

[5]光禄勛：官名，侍從皇帝左右，掌宫廷宿衛，西晋時兼掌原屬少府的一部分宫廷供御事務。晋三品。

[6]司隸校尉：官名，三國魏時先治弘農，後治河南，轄司州所屬河南、河東、河内、弘農、平陽五郡。掌監察京師、糾察京都百官。西晋沿置。三品。

[7]毌丘儉：三國時河東聞喜（今山西省聞喜縣東北）人，字仲恭。歷任曹魏尚書郎、羽林監、洛陽典農、荆州刺史、幽州刺史等職。後舉兵反司馬師，兵敗被殺。

[8]太常：官名，漢代稱奉常，本掌禮樂、宗廟社稷祭祀，魏晋時此職掌歸尚書裁定，太常成爲閑職。三品。

[9]太學：古代設於京城的最高學府，主要從事儒學教育。

[10]三老：古代掌教化之官。鄉、縣、郡均曾先後設置。《禮記·禮運》："故宗祝在廟，三公在朝，三老在學。"

[11]砥礪：受到激勵鼓舞。

及高貴鄉公之弑也，朝臣舉哀，祥號哭曰"老臣無狀"，[1]涕淚交流，衆有愧色。頃之，拜司空，[2]轉太尉，[3]加侍中。[4]五等建，封睢陵侯，邑一千六百户。

[1]無狀：罪過之大不可言狀。

[2]司空：官名，魏晋南北朝爲名譽宰相，多爲大臣加官。晋八公之一，位在三公之末。一品。

[3]太尉：官名，曹操爲丞相後，太尉府屬官歸相府，晋時太尉雖爲八公之一、三公之首，實爲名譽宰相，多爲大臣加官。一品。

[4]侍中：官名，東漢建安中與給事黄門侍郎出入禁中，省尚書事。曹魏時爲門下之侍中省長官，常侍衛皇帝左右，掌顧問應對、諫諍糾察、平議奏事、駁奏異議等，權力甚重。三品。

及武帝爲晋王，[1]祥與荀顗往謁。[2]顗謂祥曰："相王尊重，何侯既已盡敬，[3]今便當拜也。"祥曰："相國誠爲尊貴，然是魏之宰相。吾等魏之三公，公王相去，一階而已，班例大同，[4]安有天子三司而輒拜人者！損魏朝之望，虧晋王之德，君子愛人以禮，吾不爲也。"及入，顗遂拜，而祥獨長揖。帝曰："今日方知君見顧之重矣！"

[1]武帝爲晋王：中華本校勘記："桂馥《札樸》三：'武帝'爲'文帝'之誤，《何曾傳》不誤。《斠注》：《世説·簡傲》注引《漢晋春秋》作'文王'。按：桂説是。《魏志·吕虔傳》注引王隱《晋書》，《御覽》五四三引《晋陽秋》皆可證。"

[2]荀顗：字景倩，本書卷三九有傳。

[3]何侯：指何曾。

[4]班例大同：中華本校勘記："《斠注》：《魏志·三少帝紀》注引《漢晋春秋》'例'作'列'。按：《白帖》七〇、《御覽》一九八引《晋書》並作'列'。"

武帝踐阼，拜太保，[1]進爵爲公，加置七官之職。帝新受命，虚己以求讜言。祥與何曾、鄭冲等耆艾篤老，[2]希復朝見，帝遣侍中任愷諮問得失，[3]及政化所先。祥以年老疲耄，累乞遜位，帝不許。御史中丞侯史光以祥久疾，[4]闕朝會禮，請免祥官。詔曰："太保元老高行，朕所毗倚以隆政道者也。[5]前後遜讓，不從所執，此非有司所得議也。"遂寢光奏。祥固乞骸骨，詔聽以睢陵公就第，位同保傅，[6]在三司之右，禄賜如前。詔曰："古之致仕，不事王侯。今雖以國公留居京邑，不宜復苦以朝請。[7]其賜几杖，不朝，大事皆諮訪之。賜安車駟馬，[8]第一區，錢百萬，絹五百匹，床帳簟褥，以舍人六人爲睢陵公舍人，置官騎二十人。以公子騎都尉肇爲給事中，[9]使常優游定省。又以太保高潔清素，家無宅宇，其權留本府，須所賜第成乃出。"

[1]太保：官名，史上屢次廢置，三國魏末年復置。晋爲八公之一，位上公，在太宰、太傅之下。安置元老重臣，無職掌。

一品。

[2]耆艾篤老：年老致衰之人。

[3]任愷：字元褒，本書卷四五有傳。

[4]御史中丞：官名，御史大夫副手，掌監察、執法，爲京師顯官，職權甚重。四品。　侯史光：字孝明，本書卷四五有傳。

[5]以隆政道：隆，宋本作“降”。

[6]保傅：太保和太傅。太傅，官名，晋爲八公之一。位上公，太宰之下、太保之上。一品。

[7]苦以朝請：受上朝請安之苦。

[8]安車：可以坐乘的車，供老年人或貴婦用。

[9]騎都尉：官名，最高位領騎兵之武職，不領兵時爲侍衛武官。因親近皇帝，多以侍中兼任。與駙馬都尉、奉車都尉並爲三都尉。六品。　給事中：官名，爲加官，所加爲三公、將軍、中書監令、博士、郎等。常侍從皇帝左右，諫諍糾彈，爲中朝要職。五品。

及疾篤，著遺令訓子孫曰：“夫生之有死，自然之理。吾年八十有五，啓手何恨。不有遺言，使爾無述。吾生值季末，登庸歷試，[1]無毗佐之勛，没無以報。氣絶但洗手足，不須沐浴，勿纏尸，皆澣故衣，隨時所服。所賜山玄玉佩、衛氏玉玦、綬笥皆勿以斂。西芒上土自堅貞，勿用甓石，勿起墳隴。穿深二丈，椁趣容棺。[2]勿作前堂、布几筵、置書箱鏡奩之具，[3]棺前但可施床榻而已。糒脯各一盤，[4]玄酒一杯，[5]爲朝夕奠。[6]家人大小不須送喪，大小祥乃設特牲。[7]無違余命！高柴泣血三年，夫子謂之愚。[8]閔子除喪出見，援琴切切而哀，仲尼謂之孝。[9]故哭泣之哀，日月降殺，飲食之宜，自有制度。夫言行可覆，[10]信之至也；推美引過，德之至也；揚名顯親，孝之至也；兄弟怡怡，宗族欣欣，[11]悌之至也；臨財莫過乎讓：此五者，立身之本。顏子所以爲命，未之思也，夫何遠之有！”其子皆奉而行之。

[1]登庸歷試：經歷了測試和選拔。登庸，選拔。

[2]椁趣容棺：椁僅能容下棺材。趣，僅足。宋本、殿本及中華本作“取”。《顏氏家訓·止足》：“人生衣趣以覆寒露，食趣以塞飢乏耳。”王利器注引盧文弨曰：“趣者，僅足之意，與《孟子》‘楊子取爲我’之取同。”（王利器：《顏氏家訓集解》卷五《止足》，中華書局1993年版，第345頁）

[3]前堂：棺柩前面的靈堂。

[4]糒脯：乾飯乾肉。

[5]玄酒：水。

[6]朝夕奠：朝奠，日出以後舉行的祭奠。夕奠，日没以後舉行的祭奠。

[7]大小祥：大祥，父母去世兩周年舉行的祭奠。小祥，父母去世一周年時舉行的祭奠。　特牲：用一種牲畜祭祀。

[8]“高柴泣血三年”句：《禮記·檀弓上》：“高子皋之執親之喪也，泣血三年。”子皋，高柴字。《論語·先進》孔子説：“柴也愚。”

[9]“閔子除喪出見”句：《孔子家語·六本》：子貢三年之喪畢，見於孔子。子曰：“與之琴，使之弦。”侃侃而樂，作而曰：“先王制禮，不敢不及。”子曰：“君子也。”子貢曰：“閔子哀未盡，夫子曰‘君子也’。子夏哀已盡，又曰‘君子也’。二者殊情而俱曰君子，賜也或，敢問之。”孔子曰：“閔子哀未忘，能斷之以禮；子夏哀已盡，能引之及禮。雖均之君子，不亦可乎？”

[10]言行可覆：言行一致。覆，殿本作“復”。

[11]欣欣：喜悦。

泰始五年薨，[1]詔賜東園秘器、朝服一具、衣一襲、錢三十萬、布帛百匹。[2]時文明皇太后崩始逾月。其後詔曰：“爲睢陵公發哀，事乃至今。雖每爲之感傷，要未得特叙哀情。今便哭之。”明年，策謚曰元。

[1]泰始五年薨：中華本校勘記：“勞校：《三國志·吕虔傳》注引王隱《晋書》云泰始四年薨，與《本紀》合。下云‘時文明皇后崩始逾月’，考后崩亦在四年，則云‘五年’者誤。”

[2]東園秘器：東園所造棺材。《漢書》卷九三《董賢傳》：“及至東園秘器，珠襦玉柙，豫以賜賢，無不備具。”顔師古注引《漢舊儀》：“東園秘器作棺梓，素木長二丈，崇廣四尺。”東園，官署名。秦漢置。掌管陵墓内器物、葬具的製造與供應，屬少府。

祥之薨，奔赴者非朝廷之賢則親親故吏而已，[1]門無雜吊之賓。族孫戎嘆曰：[2]“太保可謂清達矣！”[3]又稱祥“在正始，[4]不在能言之流。及與之言，理致清遠，[5]將非以德掩其言乎！”祥有五子：肇、夏、馥、烈、芬。

[1]則親親故吏而已：中華本校勘記：“《册府》三一〇‘親親’作‘親舊’，《記纂淵海》五八作‘親戚’。”

[2]戎：王戎，字濬冲，本書卷四三有傳。

[3]清達：高潔通達。

[4]又稱祥“在正始……”：此處中華本標點作：又稱：“祥在

正始……”。汪維輝認爲當標點作：又稱祥“在正始……”。王戎無由直呼其族祖王祥之名，上文便稱之爲“太保”。《世説新語·德行》：王戎云“太保居在正始中，不在能言之流”可證。（参見汪維輝《〈晋書〉點校商兑》，《古籍整理研究學刊》1997 年第 1 期）

[5]理致清遠：遠，殿本作“達”。

肇孽庶，夏早卒，馥嗣爵。咸寧初，以祥家甚貧儉，賜絹三百匹，拜馥上洛太守，[1]卒謚曰孝。子根嗣，散騎郎。[2]肇仕至始平太守。[3]肇子俊，守太子舍人，[4]封永世侯。俊子遐，鬱林太守。[5]烈、芬並幼知名，爲祥所愛。二子亦同時而亡。將死，烈欲還葬舊土，芬欲留葬京邑。祥流涕曰：“不忘故鄉，仁也；不戀本土，達也。惟仁與達，吾二子有焉。”

[1]上洛：郡名，治所在上洛縣（今陕西省商洛市商州區）。

[2]散騎郎：官名，即散騎侍郎，三國魏置。隸屬散騎省，侍從皇帝左右，顧問應對，諫諍拾遺，與散騎常侍、侍中等共平尚書奏事。五品。

[3]始平：郡名，治所在槐里縣（今陕西省興平市）。

[4]守：暫時署理職務。多指官階低而署理較高的官職。　太子舍人：官名，掌行書令、表啓等。初隸太子太傅、太子少傅，後隸太子詹事。七品。

[5]鬱林：郡名，西漢元鼎六年（前 111）置，治所在布山縣（今廣西壮族自治區桂平市西南古城）。

覽，字玄通。母朱，[1]遇祥無道。覽年數歲，見祥被楚撻，輒涕泣抱持。至于成童，每諫其母，其母少止凶虐。朱屢以非理使祥，覽輒與祥俱。又虐使祥妻，覽妻亦趨而共之。朱患之，乃止。祥喪父之後，漸有時譽。朱深疾之，密使酖祥。覽知之，徑起取酒。祥疑其有毒，争而不與。朱遽奪反之。自後朱賜祥饌，覽輒先嘗。朱懼覽致斃，遂止。

[1]母朱：原本、宋本“母朱”後衍“遇母朱”三字，殿本無，據殿本删。

覽孝友恭恪，[1]名亞於祥。及祥仕進，覽亦應本郡之召，稍遷司徒西曹掾、清河太守。[2]五等建，封即丘子，邑六百户。泰始末，除弘訓少府。[3]職省，轉太中大夫，[4]禄賜與卿同。咸寧初，詔曰：“覽少篤至行，服仁履義，貞素之操，[5]長而彌固。其以覽爲宗正卿。”[6]頃之，以疾上疏乞骸骨。詔聽之，以太中大夫歸老，賜錢二十萬，床帳薦褥，遣殿中醫療疾給藥。後轉光禄大夫，[7]門施行馬。[8]

[1]孝友恭恪：孝順友愛，恭敬謹慎。

[2]司徒西曹掾：官名，司徒府西曹長官，掌府吏署諸事。七品。　清河：郡名，治所在清河縣（今山東省臨清市東北）。

[3]弘訓少府：官名，弘訓宫少府，掌皇太后宫中事務。三品。弘，原本、宋本作“泓”，殿本作“弘”，據殿本改。

[4]太中大夫：官名，侍從皇帝左右，掌顧問應對、參謀議政、奉詔出使。多由寵臣貴戚出任。七品。

[5]貞素：清白廉潔。

[6]宗正卿：官名，對宗正的尊稱，又稱大宗正。掌皇族事務。

曹魏時多以皇族擔任，兩晋有時兼以外姓。三品。

[7]光禄大夫：官名，三公等大臣告老回家即拜此職，或作爲在朝顯職的加官。三品，開府位從公者一品。

[8]行馬：古代官署前攔阻人馬通行的木架。俗稱“鹿角”，亦稱“梐枑”。行，殿本作“五”。

咸寧四年卒，時年七十三，謚曰貞。有六子：[1]裁，字士初，撫軍長史。[2]基，字士先，治書御史。[3]會，字士和，侍御史。正，字士則，尚書郎。[4]彦，字士治，中護軍。[5]琛，字士瑋，國子祭酒。[6]

[1]殿本“有六子”下有“裁基會正彦琛”六字。

[2]撫軍長史：官名，撫軍將軍府長史，掌軍府顧問參謀，爲所在官署掾屬之長。七品。

[3]治書御史：官名，即治書侍御史，簡稱治書御史、御史治書、侍書。屬諸侍御史之一種，亦簡稱侍御史、侍御、御史。西漢時掌圖籍文書，東漢時屬御史臺，職掌也變爲審理疑獄、平廷尉奏事。魏晋南北朝時爲御史中丞佐貳，掌監察、彈劾高級官員，也奉命出使，緝拿犯官。六品。

[4]尚書郎：官名。東漢之制，取孝廉中之有才能者入尚書臺，在皇帝左右處理政務，初入臺稱守尚書郎中，滿一年稱尚書郎，滿三年稱侍郎。魏晋以後，尚書省分曹，各曹有侍郎、郎中等官，綜理政務，通稱爲尚書郎。六品。

[5]中護軍：官名，掌武官選舉，與中領軍同掌禁軍。曹魏四品，晋三品。

[6]國子祭酒：官名，國子學的長官，主管國子學，掌教授儒學，參議禮制。五品。

初，吕虔有佩刀，工相之，[1]以爲必登三公，可服此刀。虔謂祥曰："苟非其人，刀或爲害。卿有公輔之量，故以相與。"祥始固辭，[2]强之乃受。祥臨薨，以刀授覽，曰："汝後必興，足稱此刀。"覽後奕世多賢才，興於江左矣。裁子導，[3]别有傳。

[1]工：相工，古代以相術爲職業的人。
[2]祥始固辭：殿本無"始"字。
[3]導：王導，字茂弘，本書卷六五有傳。

鄭冲

鄭冲，字文和，滎陽開封人也。[1]起自寒微，卓爾立操，[2]清恬寡欲，耽玩經史，[3]遂博究儒術及百家之言。有姿望，動必循禮，任真自守，不要鄉曲之譽，[4]由是州郡久不加禮。及魏文帝爲太子，搜揚仄陋，命冲爲文學，[5]累遷尚書郎，出補陳留太守。[6]冲以儒雅爲德，莅職無幹局之譽，簞食緼袍，[7]不營資産，世以此重之。大將軍爽引爲從事中郎，[8]轉散騎常侍、光禄勛。[9]嘉平三年，拜司空。及高貴鄉公講《尚書》，冲執經親授，與侍中鄭小同俱被賞賜。[10]俄轉司徒。[11]常道鄉公即位，[12]拜太保，位在三司之上，封壽光侯。冲雖位階臺輔，而不預世事。時文帝輔政，平蜀之後，命賈充、羊祜等分定禮儀、律令，[13]皆先諮於冲，然後施用。[14]

[1]滎陽：郡名，治所在滎陽縣（今河南省滎陽市東北）。

開封：縣名，治所在今河南省開封市南。

[2]卓爾立操：操行超群出衆。

[3]耽玩：專心深入地研習。

[4]要：求取。

[5]文學：官名，魏晋太子、諸王及世子均置，掌各級教育文事。

[6]陳留：郡國名，治所在小黄縣（今河南省開封市東）。

[7]簞食緼袍：吃簞笥里的飯食，穿用亂麻絮里的袍子。形容粗衣疏食。

[8]大將軍：官名，高級軍事統帥。曹魏時多以之屯駐長安，對付蜀漢，蜀漢以其爲最高軍事長官，孫吴則别置上大將軍居其上。西晋時爲八公之一，位居上公、大司馬下，三公之上。東晋時常專擅軍政事務。一品。　爽：曹爽，三國時沛國譙縣（今安徽省亳州市）人，字昭伯，曹真子。明帝死，受遺詔與司馬懿共同輔政。後與司馬懿争權，爲司馬懿所殺。爽，殿本作“曹爽”。　從事中郎：官名，東漢時爲大將軍屬官，地位較高。三國時爲將軍府或公府屬官。六品。此爲大將軍從事中郎。中郎，宋本作“郎中”。

[9]散騎常侍：官名，三國魏文帝黄初年間置，侍從皇帝左右，諫諍得失，顧問應對，與侍中等共平尚書奏事。也用作宰相、諸公等加官，入宫議政。三品。

[10]鄭小同：三國時人，鄭玄之孫，學綜《六經》，行著鄉邑，歷任曹魏郎中、侍中。後被司馬昭鴆殺。

[11]司徒：官名，西漢哀帝元壽二年（前1）改丞相爲大司徒，東漢光武帝時改名爲司徒，東漢末又改爲丞相。三國魏恢復三公制，改丞相爲司徒，管理民政。兩晋沿制，爲八公之一，在太尉之下、司空之上。與丞相通職，一般不並置，爲名譽宰相。一品。

[12]常道鄉公：即曹奂，原名璜。曹魏皇帝，260年即位，264年被廢爲陳留王。

[13]賈充：字公閭，本書卷四〇有傳。　羊祜：字叔子，本書

卷三四有傳。

[14]施用：用，殿本作“行”。

及魏帝告禪，使冲奉策。[1]武帝踐阼，拜太傅，進爵爲公。頃之，司隸李憙、中丞侯史光奏冲及何曾、荀顗等各以疾病，[2]俱應免官。帝不許。冲遂不視事，表乞骸骨。優詔不許，遣使申喻。冲固辭，上貂蟬印綬，詔又不許。泰始六年，詔曰：“昔漢祖以知人善任，克平宇宙，推述勛勞，歸美三俊。[3]遂與功臣剖符作誓，藏之宗廟，副在有司，所以明德庸勛，[4]藩翼王室者也。昔我祖考，遭世多難，攬授英俊，與之斷金，[5]遂濟時務，克定大業。太傅壽光公鄭冲、太保朗陵公何曾、太尉臨淮公荀顗各尚德依仁，明允篤誠，翼亮先皇，光濟帝業。故司空博陵元公王沉、衛將軍鉅平侯羊祜才兼文武，[6]忠肅居正，朕甚嘉之。《書》不云乎：‘天秩有禮，五服五章哉！’[7]其爲壽光、朗陵、臨淮、博陵、鉅平國置郎中令，[8]假夫人、世子印綬，食本秩三分之一，皆如郡公侯比。”

[1]使冲奉策：奉，宋本作“奏”。

[2]李憙：字季和，本書卷四一有傳。憙，殿本作“熹”。

[3]三俊：指張良、韓信、蕭何。

[4]明德庸勛：彰顯美德，獎勵功勛。

[5]斷金：同心協力。語出《易·繫辭上》：“二人同心，其利斷金。”孔穎達疏：“金是堅剛之物，能斷而截之，盛言利之甚也。”

[6]王沉：字處道，本書卷三九有傳。　衛將軍：官名，魏晋時位在名號將軍之上，多爲軍府名號，加給大臣、重要州郡長官。

二品，開府位從公者一品。

［7］“天秩有禮”句：語見《尚書·皋陶謨》：“天秩有禮，自我五禮有庸哉！同寅協恭，和衷哉！天命有德，五服五章哉！”

［8］壽光：縣名，治所在今山東省壽光市東北。　朗陵：縣名，治所在今河南省確山縣西南。　臨淮：郡國名，治所在盱眙縣（今江蘇省盱眙縣東北）。　博陵：縣名，治所在今河北省蠡縣南。　鉅平：縣名，治所在今山東省泰安市南。　郎中令：官名，王國公侯屬官，魏晋爲王國中的三卿之一。六品。

九年，冲又抗表致仕。詔曰：“太傅韞德深粹，[1]履行高潔，恬遠清虚，確然絶世。[2]艾服王事，[3]六十餘載，忠肅在公，慮不及私。遂應衆舉，歷登三事。仍荷保傅之重，綢繆論道之任，光輔奕世，亮兹天工，迪宣謀猷，[4]弘濟大烈，[5]可謂朝之俊老，衆所具瞻者也。[6]朕昧于政道，庶事未康，挹仰耆訓，[7]導揚厥蒙，[8]庶賴顯德，緝熙有成。而公屢以年高疾篤，致仕告退。惟從公志，則朕孰與諮謀？譬彼涉川，罔知攸濟。[9]是用未許，[10]迄于累載。而高讓彌篤，至意難違，覽其盛指，俾朕憮然。夫功成弗有，上德所隆，成人之美，君子與焉。豈必遂朕憑賴之心，以枉大雅進止之度哉！今聽其所執，以壽光公就第，位同保傅，在三司之右。公宜頤精養神，保御太和，[11]以究遐福。[12]其賜几杖，不朝。古之哲王，欽祇國老，憲行乞言，以彌縫其闕。若朝有大政，皆就諮之。”[13]又賜安車駟馬，第一區，錢百萬，絹五百匹，床帷簟褥，置舍人六人，官騎二十人。以世子徽爲散騎常侍，使常優游定省。禄賜所供，策命儀制，一如舊典而有加焉。

[1]韞德深粹：懷藏深厚純粹的品德。

[2]礭然：剛强，信實。礭，此同“確”，殿本作“確”。

[3]艾服王事：五十歲還爲朝廷服務。艾服，指五十歲。《禮記·曲禮上》：“四十曰强，而仕；五十曰艾，服官政。”

[4]迪宣謀猷：貢獻出治國的謀略。

[5]弘濟大烈：完成偉大的功業。

[6]具瞻：《詩·小雅·節南山》：“赫赫師尹，民具爾瞻。”毛亨傳：“師，太師，周之三公也。尹，尹氏，爲太師。”

[7]挹仰耆訓：虛心吸取老人的教誨。

[8]導揚厥蒙：接受對我愚蒙的開導。

[9]罔知攸濟：不知道如何渡過。

[10]是用未許：因此没有答應。

[11]保御太和：保護精神元氣。御，殿本作“衛”。

[12]遐福：長遠的福祉。

[13]“……皆就諮之”：中華本此處的後引號一直到“而有加焉”。汪維輝先生認爲，詔書衹到“皆就諮之”，引號應點至此。以下都是皇帝對鄭冲的賞賜，並没有寫在詔書裏邊。顏可均編《全晉文》，收録此詔書，止於“皆就諮之”，是，據此改。（參見汪維輝《〈晉書〉點校商兑》，《古籍整理研究學刊》1997年第1期）

明年薨。帝於朝堂發哀，追贈太傅，賜秘器、朝服、衣一襲、錢三十萬、布百匹。謚曰成。咸寧初，[1]有司奏，冲與安平王孚等十二人皆存銘太常，[2]配食于廟。

[1]咸寧初：宋本無“咸”字。

[2]安平王孚：司馬孚，字叔達，本書卷三七有傳。　存銘太常：銘刻名字保存於太常。

初，冲與孫邕、曹羲、荀顗、何晏共集《論語》諸家訓注之善者，[1]記其姓名，因從其義，有不安者輒改易之，名曰《論語集解》。[2]成，奏之魏朝，于今傳焉。

[1]孫邕：三國濟南（今山東省濟南市）人，任曹魏陳留太守、侍中。　曹羲：曹爽之弟。與曹爽一起被殺。　何晏：三國魏南陽宛（今河南省南陽市）人，字平叔，玄學家。曹爽親信，官至尚書，典選舉，司馬懿政變後被殺。

[2]《論語集解》：二十卷，三國曹魏何晏撰，曹魏正始中成書，集西漢以來《魯論》《齊論》《古論》《張侯論》等諸家的校本及訓解，考其得失，博采衆長，並有所改易而成。該書依《老子》《周易》闡發經義，旨在以“老”化“孔”，並把《論語》中的“天道性命”引申爲幽深莫測的絶對精神本體，由此闡發“守一”“虚心”“聖人無喜怒哀樂”“無爲而治”等觀點。

冲無子，以從子徽爲嗣，位至平原内史。[1]徽卒，子簡嗣。

[1]平原：郡國名，治所在平原縣（今山東省平原縣西南）。　内史：官名，西晉武帝太康十年（289）改諸王國相爲内史，掌管民政。五品。周家禄《晋書校勘記》認爲：“晋制，以郡爲國，内史治民事，若郡太守。國除爲郡，復稱太守。然二名往往混淆，史家亦互稱之。”

何曾

何曾，字穎考，陳國陽夏人也。[1]父夔，魏太僕、陽武亭侯。[2]曾少襲爵，好學博聞，與同郡袁侃齊名。魏明帝初爲平原侯，[3]曾爲文學。及即位，累遷散騎侍郎、汲郡典農中郎將、給事黄門侍郎。[4]上疏曰："臣聞爲國者以清静爲基，而百姓以良吏爲本。今海内虚耗，事役衆多，誠宜恤養黎元，悦以使人。郡守之權雖輕，猶專任千里，比之於古，則列國之君也。上當奉宣朝恩，以致惠和，下當興利而除其害。得其人則可安，非其人則爲患。故漢宣稱曰：'百姓所以安其田里，而無嘆息愁恨之心者，政平訟理也。與我共此者，其惟良二千石乎！'[5]此誠可謂知政之本也。方今國家大舉，新有發調，軍師遠征，上下劬勞。[6]夫百姓可與樂成，難與慮始。愚惑之人，能厭目前之小勤，而忘爲亂之大禍者，是以郡守益不可不得其人。才雖難備，猶宜粗有威恩，爲百姓所信憚者。臣聞諸郡守，有年老或疾病，皆委政丞掾，不恤庶事。或體性疏怠，不以政理爲意。在官積年，惠澤不加於人。然於考課之限，罪亦不至詘免。故得經延歲月，而無斥罷之期。臣愚以爲可密詔主者，使隱核參訪郡守，[7]其有老病不隱親人物，[8]及宰牧少恩，好修人事，煩擾百姓者，皆可徵還，爲更選代。"頃之，遷散騎常侍。

[1]陳國：治所在陳縣（今河南省周口市淮陽區）。　陽夏：縣名，治所在今河南省太康縣。

[2]太僕：官名，掌皇帝車馬、田獵、兵器及全國牧業。三品。

[3]魏明帝初爲平原侯：中華本校勘記："《舉正》：'侯'當爲'王'，《魏志》可據。"

[4]散騎侍郎：官名，三國魏置。隸屬散騎省，侍從皇帝左右，顧問應對，諫諍拾遺，與散騎常侍、侍中等共平尚書奏事。五品。　汲郡：西晋始置，治所在汲縣（今河南省衛輝市西南）。　典農中郎將：官名，簡稱典農，掌管屯田事務、管理所部吏民，相當於郡守。六品。　給事黄門侍郎：官名，魏晋時爲侍中省或門下省次官。與侍中俱掌門下衆事，職掌略同，地位隨皇帝旨意或侍中地位而定。五品。

[5]"百姓所以安其田里"至"其惟良二千石乎"：漢宣帝原話爲："庶民所以安其田里而亡嘆息愁恨之心者，政平訟理也。與我共此者，其唯良二千石乎！"語見《漢書》卷八九《循吏傳》。

[6]劬勞：辛苦勞累。

[7]隱核參訪：考核訪問。

[8]隱親：同情並親自撫恤照顧。隱，同情。

及宣帝將伐遼東，曾上疏魏帝曰："臣聞先王制法，必全於慎。故建官受任，則置副佐；[1]陳師命將，則立監貳；[2]宣命遣使，則設介副；[3]臨敵交刃，又參御右。[4]蓋以盡思謀之功，防安危之變也。是以在險當難，則權足相濟；隕缺不豫，[5]則才足相代。其爲國防，至深至遠。及至漢氏，亦循舊章，韓信伐趙，[6]張耳爲貳；[7]馬援討越，[8]劉隆副軍。[9]前世之迹，著在篇志。今太尉奉辭誅罪，精甲鋭鋒，步騎數萬，道路迴阻，且四千里。雖假天威，有征無戰，寇或潛遁，消引日月。命無常期，人非金石，遠慮詳備，誠宜有副。[10]今北軍諸將及太尉所督，皆爲僚屬，名位不殊，[11]素無定分統御之尊，卒有變急，不相鎮攝。存不忘亡，聖達所裁。臣愚以爲宜選大臣名將威重宿著者，成其禮秩，[12]遣詣北軍，[13]進同謀略，退爲副佐。雖有萬一不虞之變，軍主有儲，則無患矣。"帝不從。出補河内太守，[14]在任有威嚴之稱。徵拜侍中，母憂去官。

[1]副佐：副職。

[2]監貳：副監軍。

[3]介副：副信使。介，信使。

[4]御右：即車右。《禮記·曲禮上》："君撫僕之手而顧命車右就車。"鄭玄注："車右，勇力之士，備制非常者。君行則陪乘，君式則下步行。"

[5]隕缺不豫：死亡，不測。

[6]韓信：秦末淮陰（今江蘇省淮安市淮陰區南）人，早年家貧，常從人寄食。後隨項羽起兵，因不受重用，轉投劉邦。受蕭何舉薦，拜大將軍。功勛卓著，爲漢初三傑之一。漢立封楚王，後貶爲淮陰侯。終爲吕后設計所殺。

[7]張耳：戰國末魏大梁（今河南省開封市西北）人，少時爲信陵君門客。秦末參加陳勝、吴廣起義，起義失敗後與陳餘共立武臣爲趙王。後與陳餘交惡，從項羽入關，被封爲常山王。後歸附劉邦，西漢建立後被封代王。

[8]馬援：東漢扶風茂陵（今陝西省興平市東北）人，字文淵。先依凉州隗囂，後歸劉秀。歷任隴西太守、伏波將軍等職，出征交趾、匈奴、烏桓等。六十二歲時率軍征五溪蠻，病逝於軍中。

[9]劉隆：東漢人，字元伯，新莽末爲更始政權騎都尉，後追隨劉秀。東漢建立後拜誅虜將軍，屯田武當。以中郎將副伏波將軍馬援擊交趾蠻夷徵側等，因功封爲長平侯。

[10]"有征無戰"至"誠宜"：宋本無此段文字。

[11]名位不殊：名聲地位差别不大。

[12]成其禮秩：中華本校勘記："《魏志·明帝紀》注引《魏名臣奏》載曾表'成'作'盛'。"

[13]北軍：指司馬懿統率北伐公孫淵的軍隊。

[14]河内：郡名，治所在野王縣（今河南省沁陽市）。

嘉平中，爲司隸校尉。撫軍校事尹模憑寵作威，[1]奸利盈積，朝野畏憚，莫敢言者。[2]曾奏劾之，朝廷稱焉。時曹爽專權，宣帝稱疾，曾亦謝病。爽誅，乃起視事。魏帝之廢也，曾預其謀焉。

[1]撫軍校事：官名，撫軍將軍校事。校事，官名，三國魏、吴均置。負責監察百官及吏民，通常以身邊地位較低的親信充任。孫吴尤甚，陸凱有"夫校事，吏民之仇也"之語。

[2]莫敢言者：宋本"莫"下有"有"字。

時步兵校尉阮籍負才放誕，[1]居喪無禮。曾面質籍於文帝座曰："卿縱情背禮，敗俗之人，今忠賢執政，綜核名實，若卿之曹，不可長也。"因言於帝曰："公方以孝治天下，而聽阮籍以重哀飲酒食肉於公座。宜擯四裔，無令污染華夏。"帝曰："此子羸病若此，君不能爲吾忍邪！"曾重引據，辭理甚切。帝雖不從，時人敬憚之。

[1]步兵校尉：官名，東漢時隸屬北軍中候，爲北軍五校尉之一，魏晋時隸屬中領軍，領宿衛營兵。四品。　阮籍：字嗣宗，本書卷四九有傳。

毌丘儉誅，子甸妻荀應坐死。[1]其族兄顗、族父虞並景帝姻通，共表魏帝以匄其命。[2]詔聽離婚。荀所生女芝爲潁川太守劉子元妻，[3]亦坐死，以懷妊繫獄。荀辭詣曾乞恩曰："芝繫在廷尉，[4]顧影知命，計日備法。乞没爲官婢，以贖芝命。"曾哀之，騰辭上議。朝廷僉以爲當，遂改法。語在《刑法志》。

[1]子甸妻荀應坐死：中華本甸後有頓號。萬久富先生認爲，"荀"實非毌丘儉之妻，乃其子甸之妻。子甸自應坐死，無須交待，下文亦未有寬赦之説。"聽離婚"是説允許甸與其妻荀解除婚姻關係，荀則可免坐死。"子甸"之後頓號應删。（參見萬久富《〈晋書〉點校劄記》，《南通師範學院學報》1999年第3期）

[2]匄其命：乞求饒命。

[3]潁川：郡名，治所在許昌縣（今河南省許昌市東）。

[4]廷尉：官名，中央最高司法審判機構長官，負責會審朝中有罪文武大臣，覆核審決郡國疑獄等。三品。

曾在司隸積年，遷尚書。[1]正元年中爲鎮北將軍、都督河北諸軍事、假節。[2]將之鎮，文帝使武帝、齊王攸辭送數十里。[3]曾盛爲賓主，備太牢之饌。[4]侍從吏騶，[5]莫不醉飽。帝既出，又過其子劭。曾先敕劭曰："客必過汝，汝當豫嚴。"[6]劭不冠帶，停帝良久，[7]曾深以譴劭。曾見崇重如此。遷征北將軍，[8]進封潁昌鄉侯。咸熙初，拜司徒，改封朗陵侯。文帝爲晋王，曾與高柔、鄭冲俱爲三公，[9]將入見，曾獨致拜盡敬，二人猶揖而已。

[1]尚書：此當爲尚書令、尚書僕射之類尚書省長官。

[2]正元年中：中華本校勘記："'年'字疑衍，《通志》一二一上無。" 鎮北將軍：官名，東漢建安年間置，與鎮西、鎮南、鎮東將軍合稱四鎮將軍，多爲持節都督，出鎮方面。曹魏二品。晋三品，加持節都督者二品。 都督河北諸軍事：河北地區最高軍政長官。 假節：假以節杖。指大臣臨時持節出巡，爲權臣掌軍、秉政的地位象徵和政治待遇。

[3]齊王攸：司馬攸，字大猷，本書卷三八有傳。

[4]太牢之饌：以猪、牛、羊肉做的菜餚。

[5]吏騶：即騶吏，騎馬的侍從。

[6]豫嚴：預先整頓裝束。

[7]停帝良久：讓武帝等了許久。

[8]征北將軍：官名，與征東、征西、征南將軍合稱四征將軍。三國魏蜀吴兩晋皆置，出鎮方面，地位顯要。三品，加持節都督者二品。

[9]高柔：三國時陳留圉縣（今河南省杞縣西南圉鎮）人，字文惠。初附袁紹，後歸曹操，歷任丞相倉曹屬、丞相理曹掾、治書侍御史等職，官至太尉。

武帝襲王位，以曾爲晋丞相，加侍中。與裴秀、王沉等勸進。[1]踐阼，拜太尉，進爵爲公，食邑千八百户。泰始初，詔曰："蓋謨明弼諧，[2]王躬是保，[3]所以宣崇大訓，克咸四海也。[4]侍中、太尉何曾，立德高峻，執心忠亮，博物洽聞，明識弘遠，翼佐先皇，勛庸顯著。朕纂洪業，首相王室。迪惟前人，[5]施于朕躬。實佐命興化，光贊政道。夫三司之任，雖左右王事，若乃予違汝弼，[6]匡奬不逮，則存乎保傅。故將明衮職，未如用乂厥辟之重。[7]其以曾爲太保，侍中如故。”久之，以本官領司徒。曾固讓，不許。遣散騎常侍諭旨，乃視事。進位太傅。

[1]裴秀：字季彦，本書卷三五有傳。

[2]謨明弼諧：謀臣明智，輔弼和諧。

[3]王躬是保：爲皇帝保駕。

[4]克咸四海：使天下和睦。

[5]迪惟前人：繼承前人。語出《尚書·君奭》："非克有正，迪惟前人光。"

[6]予違汝弼：語出《尚書·益稷》："予違汝弼，汝無面從，退有後言。"孔安國傳："我違道，汝當以義輔正我。"即我有過失，你應匡正。

[7]用乂厥辟：語出《尚書·君奭》："惟兹，惟德稱，用乂厥辟。"意爲舉有德之人輔弼君王。

曾以老年，屢乞遜位。詔曰："太傅明朗高亮，執心弘毅，可謂舊德老成、國之宗臣者也。而高尚其事，屢辭禄位。朕以寡德，憑賴保佑，省覽章表，實用憮然。[1]雖欲成人之美，豈得遂其雅志，而忘翼佐之益哉！又司徒所掌務煩，不可久勞耆艾。[2]其進太宰，侍中如故。[3]朝會劍履乘輿上殿，如漢相國蕭何、田千秋、魏太傅鍾繇故事。[4]賜錢百萬，絹五百匹及八尺床帳簟褥自副。置長史、掾屬、祭酒及員吏，[5]一依舊制。所給親兵官騎如前。主者依次按禮典，務使優備。"後每召見，敕以常所飲食服物自隨，令二子侍從。

[1]憮然：悵然有所失。

[2]耆艾：老人。

[3]侍中如故：原本、宋本“侍中”下有“公”字，殿本無，據殿本、中華本校勘記删。

[4]蕭何：秦末泗水沛縣豐邑（今江蘇省豐縣）人。隨劉邦起兵反秦。楚漢戰争中，留守關中，爲前綫籌集糧草。劉邦稱帝後，因功高封酇侯。助吕后誅除韓信，封相國。劉邦死後復事惠帝，死前推薦曹參繼任。　田千秋：即車千秋，西漢長陵（今陝西省咸陽市東北）人。武帝時爲高寢郎，因上書訟衛太子之冤，被拜爲大鴻臚。後遷丞相，封富民侯。武帝臨終，與大將軍霍光等受遺詔輔少主。後因年老，被恩准乘小車入宫，遂有“車丞相”之號。　鍾繇：三國時潁川長社（今河南省長葛市東）人，字元常。東漢建安二年（197），被曹操表爲侍中，守司隸校尉，持節都督關中諸軍事。二十四年，受魏諷謀反牽連，被免官。曹魏文帝時復爲廷尉，官至太傅。著名書法家。

[5]長史：官名，掌顧問參謀，爲所在官署掾屬之長。魏晋南北朝時王府、公府、軍府、邊郡均置。八至六品。　掾屬：官名，佐治的官吏。　祭酒：官名，王公府屬官，主内閣事，又稱東、西閣祭酒。

咸寧四年薨，時年八十。帝於朝堂素服舉哀，賜東園秘器、朝服一具、衣一襲、錢三十萬、布百匹。將葬，下禮官議謚。博士秦秀謚爲“繆醜”，帝不從，策謚曰孝。太康末，子劭自表改謚爲元。

曾性至孝，閨門整肅，[1]自少及長，無聲樂嬖幸之好。年老之後，與妻相見，皆正衣冠，相待如賓。己南向，妻北面，再拜上酒，酬酢既畢便出。一歲如此者不過再三焉。初，司隸校尉傅玄著論稱曾及荀顗曰：[2]

“以文王之道事其親者，其潁昌何侯乎，其荀侯乎！古稱曾、閔，[3]今曰荀、何。内盡其心以事其親，外崇禮讓以接天下。孝子，百世之宗；仁人，天下之命。有能行孝之道，君子之儀表也。《詩》云：‘高山仰止，景行行止。’[4]令德不遵二夫子之景行者，非樂中正之道也。”又曰：“荀、何，君子之宗也。”又曰：“潁昌侯之事親，其盡孝子之道乎！存盡其和，事盡其敬，亡盡其哀，予於潁昌侯見之矣。”又曰：“見其親之黨，[5]如見其親，六十而孺慕，[6]予於潁昌侯見之矣。”

[1]閨門整肅：家庭嚴整有制。

[2]傅玄：字休奕，本書卷四七有傳。

[3]曾、閔：孔子弟子曾參與閔損（閔子騫）。皆以孝行聞名。

[4]高山仰止，景行行止：語出《詩·小雅·車舝》。後用以謂崇敬仰慕。

[5]其親之黨：對族人的愛護。

[6]孺慕：孝敬父母。

然性奢豪，務在華侈。帷帳車服，窮極綺麗，厨膳滋味，過於王者。每燕見，不食太官所設，帝輒命取其食。蒸餅上不坼作十字不食。[1]食日萬錢，猶曰無下箸處。人以小紙爲書者，敕記室勿報。[2]劉毅等數劾奏曾侈忲無度，[3]帝以其重臣，一無所問。

[1]蒸餅：饅頭。　坼（chè）：裂開。殿本作“拆”。

[2]記室：官名，記室令史、記室督、記室參軍、中記室參軍等官職的省稱。此處應爲記室令史，太尉府的屬吏。

[3]劉毅：字仲雄，本書卷四五有傳。

都官從事劉享嘗奏曾華侈，[1]以銅鈎紖車，[2]瑩牛蹄角。[3]後曾辟享爲掾，或勸勿應。享謂至公之體，不以私憾，遂應辟。曾常因小事加享杖罰。其外寬内忌，亦此類也。時司空賈充權擬人主，曾卑充而附之。及與庾純因酒相競，[4]曾議黨充而抑純，以此爲正直所非。二子：遵、劭。劭嗣。

[1]都官從事：官名，司隸校尉的屬官，舉奏彈劾不法官員。

[2]紖紖（zhèn）：用絲帶牽引車。紖，牽引車的繩子，殿本作“引”。

[3]瑩牛蹄角：裝飾牛的蹄和角。

[4]庾純：字謀甫，本書卷五〇有傳。

劭，字敬祖，少與武帝同年，有總角之好。[1]帝爲王太子，以劭爲中庶子。[2]及即位，轉散騎常侍，甚見親待。劭雅有姿望，遠客朝見，必以劭侍直。[3]每諸方貢獻，帝輒賜之，而觀其占謝焉。咸寧初，有司奏劭及兄遵等受故鬲令袁毅貨，[4]雖經赦宥，宜皆禁止。事下廷尉。詔曰：“太保與毅有累世之交，遵等所取差薄，[5]一皆置之。”遷侍中尚書。[6]

[1]總角：童年。

[2]中庶子：官名，即太子中庶子，太子侍從，掌侍從、奏事、諫議等。五品。

[3]侍直：在宫廷内伺候聽命或宿夜值班。

[4]鬲：縣名，治所在今山東省平原縣北。

[5]差薄：比較少。

[6]侍中尚書：官名，尚書之上加侍中銜，可出入殿省，入宫議政。三品。

惠帝即位，初建東宫，太子年幼，欲令親萬機，故盛選六傅，[1]以劭爲太子太師，通省尚書事。[2]後轉特進，[3]累遷尚書左僕射。[4]

[1]六傅：太子太師、太子太傅、太子太保、太子少師、太子少傅、太子少保並號六傅。掌輔導太子。三品。

[2]通省尚書事：出入宫禁，檢查處理尚書省事務。

[3]特進：官名，三國兩晋時表示有特殊地位，或用作安置閑退大臣。二品。

[4]尚書左僕射：官名，尚書省次官，輔助尚書令執行政務，參議大政，諫諍得失，監察糾彈百官。有時尚書省不置令，衹設左、右僕射，此時左僕射居右僕射之上。三品。

劭博學，善屬文，陳説近代事，若指諸掌。永康初，遷司徒。趙王倫篡位，[1]以劭爲太宰。[2]及三王交争，[3]劭以軒冕而游其間，[4]無怨之者。而驕奢簡貴，亦有父風。衣裘服玩，新故巨積。食必盡四方珍異，一日之供以錢二萬爲限。時論以爲太官御膳，[5]無以加之。然優游自足，不貪權勢。嘗語鄉人王詮曰："僕雖名位過幸，少無可書之事，惟與夏侯長容諫授博士，[6]可傳史册耳。"所撰荀粲、王弼傳及諸奏議文章並行於世。[7]永寧元年薨，贈司徒，謚曰康。子岐嗣。

[1]趙王倫：司馬倫，字子彝，本書卷五九有傳。

[2]太宰：官名，即太師，因避司馬師名諱而改名太宰。八公之一，居上公之首，爲宰相之任。一品。

[3]三王：指西晋八王之亂中，互相攻伐的齊王司馬冏、成都王司馬穎、河間王司馬顒。

[4]軒冕：高官顯貴。

[5]太官：官名，即太官令，亦作"大官令"。漢魏屬少府，兩晋隸屬光禄勛，掌宫廷飲食。七品。

[6]夏侯長容：夏侯駿，字長容，西晋沛國譙（今安徽省亳州市）人，夏侯威之子。曹魏時任并州刺史，西晋時歷任安西將軍、尚書、豫州大中正等職。

[7]荀粲：三國魏潁川潁陰（今河南省許昌市）人，字奉倩。玄學家，與傅嘏齊名於世，主張"言不盡意"。　王弼：三國魏山陽高平（今山東省鄒城市西南）人，字輔嗣。玄學家，與何晏、夏侯玄等開玄學清談之風，史稱"正始之音"。著有《老子注》《老子指略》《周易注》《周易略例》等。

劭初亡，袁粲吊岐，岐辭以疾。粲獨哭而出曰："今年决下婢子品。"王詮謂之曰："知死吊死，何必見生！岐前多罪，爾時不下，何公新亡，便下岐品，人謂中正畏强易弱。"[1]粲乃止。

[1]人謂中正畏强易弱：中正，原本、宋本作"忠正"，殿本作"中正"，據殿本、中華本校勘記改。

遵，字思祖，劭庶兄也。少有幹能。起家散騎、黄門郎、散騎常侍、侍中，[1]累轉大鴻臚。[2]性亦奢忲，役使御府工匠作禁物，又鬻行器，[3]爲司隸劉毅所奏，免官。太康初，起爲魏郡太守，[4]遷太僕卿，[5]又免官，卒於家。四子，嵩、綏、機、羨。

[1]散騎、黄門郎：中華本標點爲“散騎黄門郎”。史無此官職，應頓開。散騎，散騎侍郎的省稱。黄門郎，黄門侍郎或給事黄門侍郎的省稱。五品。

[2]大鴻臚：官名，九卿之一，掌賓客迎送接待、贊襄引導朝會百官等。三品。

[3]行器：國君出行時所用行裝器物。

[4]魏郡：治所在鄴縣（今河北省臨漳縣西南）。

[5]太僕卿：對太僕的尊稱。三品。

嵩，字泰基，寬弘愛士，博觀墳籍，尤善《史》《漢》。少歷清官，[1]領著作郎。[2]

[1]清官：清顯高貴之官。

[2]著作郎：官名，三國時爲著作局長官，西晋時著作局别自置省，長官仍爲著作郎，屬秘書省。西晋後亦稱大著作郎、大著作、著作，掌國史修撰及起居注的修撰。兩晋南北朝時爲清要之官，多由有名望的文學之士擔任，也用司空、侍中、尚書等官典領。職閑位重，南朝時多爲貴族起家官。六品。

綏，字伯蔚，位至侍中、尚書。自以繼世名貴，奢侈過度，性既輕物，[1]翰札簡傲。城陽王尼見綏書疏，[2]謂人曰：“伯蔚居亂而矜豪乃爾，豈其免乎！”劉輿、潘滔譖之於東海王越，[3]越遂誅綏。初，曾侍武帝宴，退而告遵等曰：“國家應天受禪，創業垂統。吾每宴見，未嘗聞經國遠圖，惟説平生常事，非貽厥孫謀之兆也。及身而已，後嗣其殆乎！此子孫之憂也。汝等猶可獲没。”[4]指諸孫曰：“此輩必遇亂亡也。”[5]及綏死，嵩哭之曰：“我祖其大聖乎！”

[1]奢侈過度，性既輕物：宋本乙“度”“性”二字，作“奢侈過性，度既輕物”。

[2]城陽：郡國名，治所在莒縣（今山東省莒縣）。 王尼：字孝孫，本書卷四九有傳。

[3]東海王越：司馬越，字元超，本書卷五九有傳。

[4]獲没：可以没有此憂。

[5]此輩：輩，殿本作“等”。

機爲鄒平令。[1]性亦矜傲，責鄉里謝鯤等拜。[2]或戒之曰：“禮敬年爵，以德爲主。令鯤拜勢，懼傷風俗。”機不以爲慚。

[1]鄒平：縣名，治所在今山東省鄒平市北。

[2]謝鯤：字幼輿，本書卷四九有傳。

羡爲離狐令。[1]既驕且吝，陵駕人物，鄉閭疾之如仇。永嘉之末，何氏滅亡無遺焉。

[1]離狐：縣名，治所在今山東省單縣。

石苞

石苞，字仲容，渤海南皮人也。[1]雅曠有智局，[2]容儀偉麗，不修小節。故時人爲之語曰："石仲容，姣無雙。"縣召爲吏，給農司馬。[3]會謁者陽翟郭玄信奉使，[4]求人爲御，[5]司馬以苞及鄧艾給之。[6]行十餘里，玄信謂二人曰："子後並當至卿相。"苞曰："御隸也，何卿相乎？"既而又被使到鄴，[7]事久未决，[8]乃販鐵於鄴市。市長沛國趙元儒名知人，[9]見苞，異之，因與結交。嘆苞遠量，當至公輔，[10]由是知名。見吏部郎許允，[11]求爲小縣。允謂苞曰："卿是我輩人，當相引在朝廷，何欲小縣乎？"苞還嘆息，不意允之知己乃如此也。[12]

[1]渤海：郡名，治所在南皮縣（今河北省南皮縣東北）。

[2]雅曠有智局：儒雅曠達，明智有器量。

[3]農司馬：官名，典農司馬，各級典農的屬官。此爲縣級典農都尉司馬。

[4]謁者：官名，謁者臺屬官。掌賓禮司儀、傳宣詔命、奉命出使等。又有監國謁者，監視諸侯王，權勢頗重。七品。　陽翟：縣名，治所在今河南省禹州市。　奉使：奉命出使。

[5]御：趕車。

[6]鄧艾：三國時義陽棘陽（今河南省南陽市南）人，字士載。歷任典農綱紀、尚書郎、討寇將軍、汝南太守、兗州刺史等職。平蜀漢有功，官至太尉。後爲鍾會所誣，以檻車徵回京師，中途爲衛瓘所殺。

[7]鄴：縣名，治所在今河北省臨漳縣西南。

[8]事久未决：未，殿本作"不"。

[9]沛國：三國魏時治所在沛縣（今江蘇省沛縣），西晋時治所在相縣（今安徽省濉溪縣西北）。

［10］公輔：古代天子佐臣三公、四輔。泛指宰相一類的大臣。

［11］吏部郎：官名，尚書省吏部曹長官通稱。亦稱郎中，資深者可轉侍郎。屬吏部尚書，主管官吏選任、銓叙、調動事務，對五品以下官吏之任免有建議權。六品。　許允：三國時高陽（今河北省高陽縣東）人，字士宗。歷任中領軍、太尉、録尚書事等職。與李豐、夏侯玄親善。李豐謀誅司馬氏未遂被殺，許允被徙爲鎮北將軍，假節、督河北諸軍事。未發，以放散官物，收付廷尉，徙樂浪，道死。

［12］不意：想不到。

稍遷景帝中護軍司馬。[1]宣帝聞苞好色薄行，以讓景帝，[2]帝答曰："苞雖細行不足，[3]而有經國才略，夫貞廉之士，未必能經濟世務，[4]是以齊桓忘管仲之奢僭，[5]而録其匡合之大謀；漢高捨陳平之污行，[6]而取其六奇之妙算。[7]苞雖未可以上儔二子，亦今日之選也。"意乃釋。徙鄴典農中郎將。時魏世王侯多居鄴下，尚書丁謐貴傾一時，[8]並較時利。苞奏列其事，由是益見稱。歷東萊、琅邪太守，[9]所在皆有威惠。遷徐州刺史。

［1］中護軍司馬：官名，中護軍軍府高級幕僚。掌參讚軍務、管理府内武職，位僅次於長史。六品。

［2］讓：責備。

［3］細行不足：小節有缺。

［4］經濟世務：經世濟民，謀身治世。

［5］齊桓忘管仲之奢僭：事見《説苑·尊賢》："桓公使管仲治國，管仲對曰：'賤不能臨貴。'桓公以爲上卿，而國不治。公曰：'何故？'對曰：'貧不能使富。'公賜之齊國市租一年，而國不治。

公曰：'何故？' 對曰：'疏不能制親。' 桓公立以爲仲父，齊國大安，而遂霸天下。孔子曰：'管仲之賢，而不得此三權者，亦不能使其君南面而伯矣。'"

[6]漢高捨陳平之污行：事見《史記》卷五六《陳丞相世家》：陳平投奔劉邦，劉邦拜其爲都尉，典護軍。周勃、灌嬰等對劉邦說："臣聞平居家時，盜其嫂；事魏不容，亡歸楚；歸楚不中，又亡歸漢。今日大王尊官之，令護軍。臣聞平受諸將金，金多者得善處，金少者得惡處。平，反覆亂臣也，願王察之。"劉邦聽後，問陳平說："先生事魏不中，遂事楚而去，今又從吾游，信者固多心乎？"陳平說："臣事魏王，魏王不能用臣說，故去事項王。項王不能信人，其所任愛，非諸項即妻之昆弟，雖有奇士不能用，平乃去楚。聞漢王之能用人，故歸大王。臣裸身來，不受金無以爲資。誠臣計畫有可采者，願大王用之；使無可用者，金具在，請封輸官，得請骸骨。"劉邦聽了，連忙道歉，並厚加賞賜，拜爲護軍中尉，盡護諸將。

[7]六奇：陳平爲劉邦所出的六個奇謀。《史記》卷五六《陳丞相世家》："凡六出奇計，輒益邑，凡六益封。奇計或頗秘，世莫能聞也。"錢大昭《漢書辨疑·陳平傳》："間疏楚君臣，一奇計也；夜出女子二千人滎陽東門，二奇計也；躡漢王立信爲齊王，三奇計也；僞游雲夢縛信，四奇計也；解平城圍，五奇計也；其六當在從擊臧荼、陳豨、黥布時，史傳無文。"

[8]丁謐：三國魏沛國譙縣（今安徽省亳州市）人，字彦靖。曹爽親信，歷任度支郎中、散騎常侍、尚書等職，司馬懿政變後被殺。

[9]東萊：郡國名，治所在掖縣（今山東省萊州市）。

文帝之敗於東關也，[1]苞獨全軍而退。帝指所持節謂苞曰："恨不以此授卿，以究大事。"[2]乃遷苞爲奮武將軍、假節、監青州諸軍事。[3]及諸葛誕舉兵淮南，[4]苞統青州諸軍，督兖州刺史州泰、徐州刺史胡質，[5]簡鋭卒爲游軍，以備外寇。吴遣大將朱異、丁奉等來迎，[6]誕等留輜重於都陸，[7]輕兵渡黎水。[8]苞等逆擊，大破之。泰山太守胡烈以奇兵詭道襲都陸，[9]盡焚其委輸，[10]異等收餘衆而退。壽春平，[11]拜苞鎮東將軍，[12]封東光侯、假節。頃之，代王基都督揚州諸軍事。[13]苞因入朝。當還，辭高貴鄉公，留語盡日。既出，白文帝曰："非常主也。"數日而有成濟之事。[14]後進位征東大將軍，[15]俄遷驃騎將軍。[16]

[1]文帝之敗於東關：《三國志》卷四《魏書·三少帝紀》：嘉平四年（252）冬十一月，"詔征南大將軍王昶、征東將軍胡遵、鎮南將軍毌丘儉等征吴。十二月，吴大將軍諸葛恪拒戰，大破衆軍於東關。不利而還。"裴松之注引《漢晋春秋》曰："毌丘儉、王昶聞東軍敗，各燒屯走。朝議欲貶黜諸將，景王曰：'我不聽公休，以至於此。此我過也，諸將何罪？'悉原之。"

[2]究大事：謀劃大事。

[3]奮武將軍：官名，雜號將軍，地位較高。四品。　監青州諸軍事：青州地區軍政長官，僅次於都督。

[4]諸葛誕：三國時琅邪陽都（今山東省沂南縣南）人，字公休。歷任曹魏滎陽令、御史中丞、尚書、揚州刺史、鎮東將軍、鎮南將軍、征東大將軍等職。後起兵反司馬昭，兵敗被殺。　淮南：郡名，治所在壽春縣（今安徽省壽縣）。

[5]兖州：三國魏治所在廩丘縣（今山東省鄆城縣西北），晋惠帝末，兖州闔境淪没於石勒。東晋元帝僑置兖州，治京口（今江蘇省鎮江市）。　州泰：三國時南陽（今河南省南陽市）人，善用

兵，歷任兖州刺史、新城太守、襄陽督，官至征虜將軍、假節、都督江南諸軍事等職。州，殿本作“周”。　胡質：壽春（今安徽省壽縣）人，字文德。歷任曹魏頓丘令、丞相東曹議令史、吏部郎、常山太守、東莞太守、荆州刺史、振威將軍等職。

[6]朱異：三國時吴郡吴縣（今江蘇省蘇州市）人，將軍朱桓之子。歷任偏將軍、鎮南將軍等職。　丁奉：三國時廬江安豐（今河南省固始縣東南）人，字承淵。歷任孫吴偏將軍、冠軍將軍、左將軍、大將軍等職。官至右大司馬左軍師。

[7]都陸：即都陸城，位於今安徽省六安市西。

[8]黎水：今河南省浚縣衛河河段。

[9]泰山：郡名，治所在奉高縣（今山東省泰安市東）。　胡烈：三國時安定臨涇（今甘肅省鎮原縣東南）人，胡遵之子。

[10]委輸：轉運，運輸。

[11]壽春：縣名，治所在今安徽省壽縣東南。

[12]鎮東將軍：官名，東漢建安年間置，與鎮西、鎮南、鎮北將軍合稱四鎮將軍，多爲持節都督，出鎮方面。曹魏二品。晋三品，加持節都督者二品。

[13]王基：三國時東萊曲城（今山東省萊州市東北）人，字伯輿，一作伯興。從鄭玄學儒經。歷任郎中、中書侍郎、從事中郎。從征毌丘儉、諸葛誕，官至征南將軍、都督荆州諸軍事。　都督揚州諸軍事：揚州地區的最高軍事行政長官。揚，原本、宋本作“楊”，殿本作“揚”，據殿本改。

[14]成濟之事：即刺殺高貴鄉公之事。

[15]征東大將軍：官名，三國魏文帝黄初三年（222）置，職掌與征東將軍同，但位在其上，多統兵出鎮方面，都督數州軍事。不常置。二品，開府位從公者一品。

[16]驃騎將軍：官名，西漢時爲重號將軍，東漢以後，居諸名號將軍之首，僅作爲軍府名號加授大臣或重要州郡長官。二品，開府位從公者一品。

文帝崩，賈充、荀勖議葬禮未定。[1]苞時奔喪，慟哭曰："基業如此，而以人臣終乎！"葬禮乃定。後每與陳騫諷魏帝以曆數已終，[2]天命有在。及禪位，苞有力焉。武帝踐阼，遷大司馬，[3]進封樂陵郡公，加侍中，羽葆、鼓吹。[4]

[1]荀勖：字公曾，本書卷三九有傳。

[2]陳騫：《世説新語·方正》注引《晋陽秋》："騫，字休淵。"本書卷三五有傳。

[3]大司馬：官名，八公之一，位在上公之下、大將軍及三公之上，高級將帥，多爲大臣加官。一品。

[4]羽葆：帝王儀仗中以鳥羽聯綴爲飾的華蓋。　鼓吹：帝王及高級官員儀仗中的樂隊，由管樂和打擊樂器組成，常用來賜予有軍功的高級武官。

自諸葛誕破滅，苞便鎮撫淮南，士馬强盛，邊境多務，苞既勤庶事，又以威惠服物。淮北監軍王琛輕苞素微，[1]又聞童謡曰："宫中大馬幾作驢，大石壓之不得舒。"因是密表苞與吴人交通。先時望氣者云"東南有大兵起"。及琛表至，武帝甚疑之。會荆州刺史胡烈表吴人欲大出爲寇，[2]苞亦聞吴師將入，乃築壘遏水以自固。帝聞之，謂羊祜曰："吴人每來，常東西相應，無緣偏爾，豈石苞果有不順乎？"[3]祜深明之，而帝猶疑焉。會苞子喬爲尚書郎，上召之，經日不至。帝謂爲必叛，欲討苞而隱其事。遂下詔以苞不料賊勢，築壘遏水，勞擾百姓，策免其官。遣太尉義陽王望率大軍徵之，[4]以備非常。又敕鎮東將軍、琅邪王伷自下邳會壽春。[5]苞用掾孫鑠計，放兵步出，住都亭待罪。帝聞之，意解。及苞詣闕，以公還第。苞自耻受任無效而無怨色。

［1］監軍：官名，軍隊出征所置官員，掌監視將帥，權勢頗重。四品。

［2］荆州：三國時曹魏治所在新野縣（今河南省新野縣），孫吴治所在江陵縣（今湖北省江陵縣），西晋統一後治所在江陵縣（今湖北省江陵縣）。

［3］不順：叛逆。

［4］義陽王望：司馬望，字子初，本書卷三七有傳。

［5］鎮東將軍：鎮，殿本作“征”。　琅邪王伷：司馬伷，字子將，本書卷三八有傳。　下邳：縣名，治所在今江蘇省睢寧縣古邳鎮東。

時鄴奚官督郭廙上書理苞。[1]帝詔曰：“前大司馬苞忠允清亮，才經世務，幹用之績，所歷可紀。宜掌教典，以讚時政。其以苞爲司徒。”有司奏：“苞前有折撓，[2]不堪其任。以公還第，已爲弘厚，不宜擢用。”詔曰：“吴人輕脆，[3]終無能爲。故疆埸之事，但欲完固守備，使不得越逸而已。以苞計畫不同，慮敵過甚，故徵還更授。昔鄧禹撓於關中，[4]而終輔漢室，豈以一眚而掩大德哉！”於是就位。

［1］奚官督：官名，奚官局長官爲奚官令，隸少府。鄴都則稱奚官督。《資治通鑑》卷七九《晋紀》世祖武皇帝泰始五年條胡三

省注："少府有奚官令，凡男女没入者屬焉。魏以來，鄴都又有奚官督。"

[2]折撓：動摇不進。

[3]輕脆：軟弱。

[4]鄧禹：東漢南陽新野（今河南省新野縣）人，字仲華。新莽末年隨劉秀起兵，任前將軍。劉秀稱帝後，拜之爲大司徒。由於兵敗長安，被免大司徒。後被拜右將軍，因功以特進奉朝請，復行司徒事。明帝即位後爲太傅，卒於官。

苞奏："州郡農桑未有賞罰之制，宜遣掾屬循行，皆當均其土宜，舉其殿最，然後黜陟焉。"[1]詔曰："農殖者，爲政之本，有國之大務也。雖欲安時興化，不先富而教之，其道無由。[2]而至今四海多事，軍國用廣，加承征役之後，屢有水旱之事，倉庫不充，百姓無積。古者稼穡樹蓺，司徒掌之。今雖登論道，然經國立政，惟時所急，故陶唐之世，稷官爲重。今司徒位當其任，乃心王事，有毁家紓國，乾乾匪躬之志。[3]其使司徒督察州郡播殖，將委事任成，垂拱仰辦。[4]若宜有所循行者，其增置掾屬十人，聽取王官更練事業者。"苞在位稱爲忠勤，帝每委任焉。

[1]黜陟：人才的進退，官吏的升降。黜，貶降、罷退。陟，提拔、升遷。

[2]其道無由：無從進入正道。

[3]乾乾匪躬：勉力自强，忘我盡忠。

[4]垂拱仰辦：辦，原本、宋本作"辨"，殿本作"辦"，據殿本改。

泰始八年薨。帝發哀於朝堂，賜秘器、朝服一具、衣一襲、錢三十萬、布百匹。及葬，給節、幢麾、曲蓋、追鋒車、鼓吹、介士、大車，[1]皆如魏司空陳泰故事，[2]車駕臨送於東掖門外。[3]策謚曰武。咸寧初，詔苞等並爲王功，列於銘饗。[4]

[1]幢麾：旌旗儀仗。　曲蓋：曲柄傘蓋。　追鋒車：古代一種輕便的驛車，因車行疾速，故名。　介士：武士。　大車：牛車。

[2]陳泰：三國時潁川許昌（今河南省許昌市東）人，字玄伯，陳群之子。歷任散騎侍郎、護匈奴中郎將、雍州刺史、征西將軍、尚書僕射等職。

[3]東掖門：宫東旁小門。《初學記》卷二四《居處部·門》引《洛陽故宫記》："洛陽有南掖門、北掖門、東掖門、西掖門。"

[4]列於銘饗：名列功臣，配饗皇廟祭祀。

苞豫爲終制曰："延陵薄葬，[1]孔子以爲達禮；華元厚葬，[2]春秋以爲不臣，古之明義也。自今死亡者，皆斂以時服，不得兼重。又不得飯唅，爲愚俗所爲。又不得設床帳明器也。定窆之後，[3]復土滿坎，[4]一不得起墳種樹。昔王孫裸葬矯時，[5]其子奉命，君子不譏，況於合禮典者邪？"諸子皆奉遵遺令，又斷親戚故吏設祭。有六子：越、喬、統、浚、儁、崇。以統爲嗣。

[1]延陵薄葬：《漢書》卷三六《楚元王傳》："延陵季子適齊而反，其子死，葬於嬴、博之間，穿不及泉，斂以時服，封墳掩坎，其高可隱，而號曰：'骨肉歸復於土，命也，魂氣則無不之

也。’夫嬴、博去吴千有餘里，季子不歸葬。孔子往觀曰：‘延陵季子於禮合矣。’”延陵季子，季札。

[2]華元厚葬：《左傳·成公二年》：“八月，宋文公卒。始厚葬，用蜃炭，益車馬，始用殉。重器備，椁有四阿，棺有翰檜。君子謂：‘華元、樂舉，於是乎不臣。’”

[3]定窆：下葬。

[4]復土滿坎：覆土與墓坑平。

[5]王孫裸葬：王孫即楊王孫。《漢書》卷六七《楊王孫傳》：“楊王孫者，孝武時人也。學黄老之術，家業千金，厚自奉養生，亡所不致。及病且終，先令其子，曰：‘吾欲臝葬，以反吾真，必亡易吾意。死則爲布囊盛尸，入地七尺，既下，從足引脱其囊，以身親土。’”

統，字弘緒，歷位射聲校尉、大鴻臚。[1]子順，爲尚書郎。

[1]射聲校尉：官名，統宿衛兵，魏晋時隸屬中領軍。四品。

越，字弘倫，早卒。

喬，字弘祖，歷尚書郎、散騎侍郎。帝既召喬不得，深疑苞反。及苞至，有慚色，謂之曰“卿子幾破卿門”。苞遂廢之，終身不聽仕。又以有穢行，徙頓丘，[1]與弟崇同被害。二子超、熙亡走得免。成都王穎之起義也，[2]以超爲折衝將軍，[3]討孫秀，[4]以功封侯。又爲振武將軍，[5]征荆州賊李辰。穎與長沙王乂相攻，[6]超常爲前鋒，遷中護軍。陳昣等挾惠帝北伐，超走還鄴。穎使超距帝於蕩陰，[7]王師敗績，超逼帝幸鄴宫。會王浚攻穎於鄴，[8]穎以超爲右將軍以距浚，[9]大敗而歸。從駕之洛陽，西遷長安。河間王顒以超領北中郎將，[10]使與穎共距東海王越。超於滎陽募兵，右將軍王闡與典兵中郎趙則並受超節度，[11]爲豫州刺史劉喬繼援。[12]范陽王虓逆擊斬超，[13]而熙得走免。永嘉中，爲太傅越參軍。[14]

[1]頓丘：郡名，治所在頓丘縣（今河南省浚縣北）。

[2]成都王穎：司馬穎，字章度，本書卷五九有傳。

[3]折衝將軍：官名，屬將軍名號，爲雜號將軍中地位較高者。五品。

[4]孫秀：西晋琅邪臨沂（今山東省臨沂市）人，趙王倫心腹。趙王倫執政後任中書令，威震朝廷。趙王倫稱帝，任侍中、中書監、驃騎將軍。趙王倫失敗後被殺。

[5]振武將軍：官名，屬常設將軍名號，統兵。四品。

[6]長沙王乂：司馬乂，字士度，本書卷五九有傳。

[7]蕩陰：縣名，治所在今河南省湯陰縣。

[8]王浚：字彭祖，本書卷三九有傳。

[9]右將軍：官名，漢代重號將軍之一，與前、左、後將軍並爲上卿。魏晋時常設，權位漸低，僅爲武官名號，略高於一般雜號將軍。三品。

[10]領：以地位較高的官員兼理較低的職務。　北中郎將：官名，與東、西、南中郎將並稱四中郎將，統兵征戰，權職甚重。四品。

[11]典兵中郎：官名，皇帝儀仗官，皇帝出行時督攝仗衛，在五時車後。

[12]豫州：曹魏時治所在安城縣（今河南省正陽縣東北），西晋時移治陳縣（今河南省周口市淮陽區）。　劉喬：字仲彦，本書卷六一有傳。

［13］范陽王虓：司馬虓，字武會，本書卷三七有傳。

［14］參軍：官名，亦作參軍事，謂參謀軍事。兩晋公府、軍府皆置。

浚，字景倫，清儉有鑒識，敬愛人物。位至黄門侍郎，爲當世名士，早卒。

儁，字彦倫，少有名譽，議者稱爲令器。官至陽平太守，[1]早卒。

［1］陽平：郡名，治所在元城縣（今河北省大名縣東北）。

崇，字季倫，生於青州，故小名齊奴。少敏惠，勇而有謀。苞臨終，分財物與諸子，獨不及崇。其母以爲言，苞曰："此兒雖小，後自能得。"年二十餘，爲修武令，[1]有能名。入爲散騎郎，遷城陽太守。伐吴有功，封安陽鄉侯。在郡雖有職務，好學不倦，以疾自解。頃之，[2]拜黄門郎。

［1］修武：縣名，治所在今河南省獲嘉縣。

［2］頃之：頃，宋本作"傾"。

兄統忤扶風王駿，[1]有司承旨奏統，將加重罰，既而見原。以崇不詣闕謝恩，有司欲復加統罪。崇自表曰："臣兄統以先父之恩，早被優遇，出入清顯，歷位盡勤。伏度聖心，有以垂察。近爲扶風王駿横所誣謗，司隸、中丞等飛筆重奏，[2]劾案深文，[3]累塵天聽。[4]臣兄弟踧踖，[5]憂心如悸。駿戚屬尊重，[6]權要赫奕，[7]内外有司，望風承旨。苟有所惡，易於投卵。自統枉劾以來，臣兄弟不敢一言稍自申理。戢舌鉗口，惟須刑書。古人稱'榮華於順旨，枯槁於逆違'，誠哉斯言，於今信矣。是以雖董司直繩，[8]不能不深其文，抱枉含謗，不得不輸其理。幸賴陛下天聽四達，靈鑒昭遠，存先父勛德之重，察臣等勉勵之志。中詔申料，罪譴澄雪。臣等刻肌碎首，未足上報。臣即以今月十四日，與兄統、浚等詣公車門拜表謝恩。伏度奏御之日，暫經天聽。此月二十日，忽被蘭臺禁止符，[9]以統蒙宥，恩出非常，臣晏然私門，曾不陳謝，復見彈奏，訕辱理盡。[10]臣始聞此，惶懼狼狽，静而思之，固無怪也。苟尊勢所驅，何所不至，望奉法之直繩，不可得也。臣以凡才，累荷顯重，不能負載析薪，以答萬分。一月之中，奏劾頻加，曲之與直，非臣所計。所愧不能承奉戚屬，自陷於此。不媚於竈，[11]實愧王孫。《隨巢子》稱'明君之德，[12]察情爲上，察事次之'。所懷具經聖聽，伏待罪黜，無所多言。"由是事解。累遷散騎常侍、侍中。

[1]扶風王駿：司馬駿，字子臧，本書卷三八有傳。

[2]司隸、中丞：司隸校尉和御史中丞。中華本標點爲"司隸中丞"，誤爲一職。中間應頓開。　飛筆：不實之詞，妄語。

[3]劾案深文：用過分嚴苛的法律條文核實案件。

[4]累塵天聽：影響皇帝的正確判斷。

[5]踧踖：小心謹慎。

[6]戚屬尊重：戚，原本、宋本作"威"，殿本作"戚"，據殿

本改。

[7]權要赫奕：權勢顯赫。

[8]董司直繩：執政之人正直如繩。

[9]蘭臺：御史臺。

[10]訕辱理盡：盡其譏毁羞辱之事。

[11]不媚於竃：不取媚於世。“竃”同“造”，世。

[12]《隨巢子》：書名，墨翟弟子著，已佚。《漢書》卷三〇《藝文志》有著録。

武帝以崇功臣子，有幹局，深器重之。元康初，楊駿輔政，[1]大開封賞，多樹黨援。崇與散騎郎蜀郡何攀共立議，[2]奏於惠帝曰：“陛下聖德光被，皇靈啓祚，正位東宫二十餘年，道化宣流，萬國歸心。今承洪基，此乃天授。至於班賞行爵，優於泰始革命之初，不安一也。吴會僭逆，[3]幾於百年，邊境被其荼毒，朝廷爲之旰食。[4]先帝决獨斷之聰，奮神武之略，蕩滅逋寇，易於摧枯。然謀臣猛將，猶有致思竭力之效。[5]而今恩澤之封，優於滅吴之功，不安二也。上天眷祐，實在大晋，卜世之數，莫知其紀。今之開制，當垂于後。若尊卑無差，有爵必進，數世之後，莫非公侯，不安三也。臣等敢冒陳聞。竊謂泰始之初，及平吴論功。制度名牒，皆悉具存。縱不能遠遵古典，尚當依準舊事。”書奏，弗納。出爲南中郎將、荆州刺史，[6]領南蠻校尉，[7]加鷹揚將軍。[8]崇在南中，得鴆鳥雛，以與後軍將軍王愷。[9]時制，鴆鳥不得過江，爲司隸校尉傅祗所糾，[10]詔原之，燒鴆於都街。

[1]楊駿：字文長，本書卷四〇有傳。

[2]蜀郡：治所在成都縣（今四川省成都市）。　何攀：字惠興，本書卷四五有傳。

[3]吴會：地區名，指時吴郡、會稽郡所領太湖流域和錢塘江以東至今福建地區。

[4]旰食：忘食，不按時吃飯。

[5]致思竭力：思，殿本作“恩”。

[6]南中郎將：官名，與東、西、北中郎將並稱四中郎將，統兵征戰，權職甚重。四品。

[7]南蠻校尉：官名，亦稱護南蠻校尉，府鎮襄陽，東晋改鎮江陵。掌荆州及江州少數民族事務，統兵。四品。

[8]鷹揚將軍：官名，雜號將軍中地位較高者，曾作爲荆州、兖州等州刺史的加官。五品。

[9]後軍將軍：官名，西晋武帝泰始八年（272）置，與前軍、左軍、右軍將軍合稱四軍將軍。各領兵千人，是護衛皇帝宫禁的主要禁軍將領之一。四品。　王愷：字君夫，本書卷九三有傳。

[10]傅祗：字子莊，本書卷四七有傳。

崇穎悟有才氣，而任俠無行檢。在荆州，劫遠使商客，致富不貲。[1]徵爲大司農，以徵書未至擅去官免。頃之，拜太僕，[2]出爲征虜將軍，[3]假節、監徐州諸軍事，[4]鎮下邳。崇有别館在河陽之金谷，[5]一名梓澤，送者傾都，帳飲於此焉。至鎮，與徐州刺史高誕争酒相侮，爲軍司所奏，免官。復拜衛尉，[6]與潘岳諂事賈謐。[7]謐與之親善，號曰“二十四友”。[8]廣城君每出，[9]崇降車路左，望塵而拜，其卑佞如此。

[1]致富不訾：財富不可計量。

[2]頃之，拜太僕：殿本無“之”字。

[3]征虜將軍：既是武官名，也作爲高級文職官員的加官。三品。

[4]監徐州諸軍事：徐州地區的軍政長官，地位低於都督。

[5]河陽：即河陽橋，西晋泰始中杜預在黄河富平津所建，位於今河南省孟州市西南、孟津縣東北黄河上。

[6]衛尉：官名，掌宫廷禁衛，兼管武庫、冶鑄，領江北冶令三十九員、南北東西諸督冶掾。三品。

[7]潘岳：字安仁，本書卷五五有傳。　賈謐：字長深，本書卷四〇有傳。

[8]二十四友：指附會於賈謐的二十四人：石崇、歐陽建、潘岳、陸機、陸雲、繆徵、杜斌、摯虞、諸葛詮、王粹、杜育、鄒捷、左思、崔基、劉瓌、和郁、周恢、牽秀、陳眕、郭彰、許猛、劉訥、劉輿、劉琨。

[9]廣城君：賈充妻郭槐，賈后之母。

財産豐積，室宇宏麗。後房百數，皆曳紈綉，[1]珥金翠。絲竹盡當時之選，庖膳窮水陸之珍。與貴戚王愷、羊琇之徒以奢靡相尚。[2]愷以粭澳釜，崇以蠟代薪。愷作紫絲布步障四十里，[3]崇作錦步障五十里以敵之。崇塗屋以椒，愷用赤石脂。崇、愷爭豪如此。武帝每助愷，嘗以珊瑚樹賜之，高二尺許，[4]枝柯扶疏，[5]世所罕比。愷以示崇，崇便以鐵如意擊之，應手而碎。愷既惋惜，又以爲疾己之寶，聲色方厲。崇曰：“不足多恨，今還卿。”乃命左右悉取珊瑚樹，有高三四尺者六七株，條幹絶俗，光彩曜日，如愷比者甚衆。愷怳然自失矣。[6]

[1]曳紈綉：穿着綉花綢緞衣服。

[2]羊琇：字稚舒，本書卷九三有傳。

[3]步障：用以遮蔽風塵或隱身的幕帳。

[4]枝柯扶疏：枝葉繁茂。

[5]高二尺許：二，殿本作“三”。

[6]怳然自失：恍惚如有所失。

崇爲客作豆粥，咄嗟便辦。[1]每冬，得韭蓱齏。嘗與愷出游，争入洛城，崇牛迅若飛禽，[2]愷絶不能及。愷每以此三事爲恨，乃密貨崇帳下問其所以。答云：“豆至難煮，豫作熟末，客來，但作白粥以投之耳。韭蓱齏是擣韭根雜以麥苗耳。牛奔不遲，[3]良由馭者逐不及反制之，可聽蹁蒲田轅則駃矣。”[4]於是悉從之，遂争長焉。崇後知之，因殺所告者。[5]

[1]咄嗟：一呼一吸之間，形容快速。

[2]牛迅若飛禽：宋本無“若”字。

[3]牛奔不遲：中華本校勘記：“吴本作‘牛本不遲’，與《世説·汰侈》合。”

[4]良由馭者逐不及反制之，可聽蹁蒲田轅則駃矣：蒲田，殿本、中華本無“蒲田”二字，原本、宋本有。中華本校勘記：“句頗費解，疑有脱、衍及誤字。《册府》九四六‘蹁’作‘偏’，‘駃’作‘駛’。《世説·汰侈》作‘將車人不及制之爾，急時聽偏轅則駛矣’。”

[5]因殺所告者：告，宋本作“言”。

嘗與王敦入太學，[1]見顏回、原憲之象，[2]顧而嘆曰："若與之同升孔堂，去人何必有間。"[3]敦曰："不知餘人云何，子貢去卿差近。"[4]崇正色曰："士當身名俱泰，[5]何至甕牖哉！"[6]其立意類此。

[1]王敦：字處仲，本書卷九八有傳。

[2]顏回：孔子弟子，名回，字子淵，亦稱顏淵。早卒。　原憲：春秋末魯國人，名憲，字子思，孔子學生，以安貧樂道著稱。

[3]有間：有差距。

[4]子貢去卿差近：子貢離您稍稍近點。

[5]身名：身，殿本作"聲"。

[6]甕牖：用破甕作窗，指家境貧寒。《禮記·儒行》："篳門圭窬，蓬户甕牖。"鄭玄注："以甕爲牖。"

劉輿兄弟少時爲王愷所嫉，[1]愷召之宿，因欲坑之。崇素與輿等善，聞當有變，夜馳詣愷，問二劉所在，愷迫卒不得隱。崇徑進於後齋牽出，[2]同車而去。語曰："年少何以輕就人宿！"輿深德之。

[1]劉輿：西晋中山（今河北省定州市）人，歷任潁川太守、范陽王司馬虓長史等職，"二十四友"之一。

[2]徑進於後齋：進，殿本作"造"。

及賈謐誅，崇以黨與免官。時趙王倫專權，崇甥歐陽建與倫有隙。[1]崇有妓曰緑珠，美而艷，善吹笛。孫秀使人求之。崇時在金谷别館，方登凉臺，臨清流，婦人侍側。使者以告。崇盡出其婢妾數十人以示之，皆蘊蘭麝，[2]被羅縠，曰："在所擇。"使者曰："君侯服御麗則麗矣，然本受命指索緑珠，不識孰是？"崇勃然曰："緑珠吾所愛，不可得也。"使者曰："君侯博古知今，[3]察遠照邇，願加三思。"崇曰："不然。"使者出而又反，崇竟不許。秀怒，乃勸倫誅崇、建。崇、建亦潛知其計，[4]乃與黄門郎潘岳陰勸淮南王允、齊王冏以圖倫、秀。[5]秀覺之，遂矯詔收崇及潘岳、歐陽建等。崇正宴於樓上，介士到門。崇謂緑珠曰："我今爲爾得罪。"緑珠泣曰："當效死於官前。"因自投于樓下而死。崇曰："吾不過流徙交、廣耳。"[6]及車載詣東市，崇乃嘆曰："奴輩利吾家財。"收者答曰："知財致害，何不早散之？"崇不能答。崇母兄妻子無少長皆被害，死者十五人。崇時年五十二。

[1]歐陽建：歐，宋本作"甌"。

[2]蘊蘭麝：身藏香料。

[3]博古知今：知，殿本作"通"。

[4]崇、建亦潛知其計：宋本無"崇建"二字。

[5]淮南王允：司馬允，字欽度，本書卷六四有傳。　齊王冏：司馬冏，字景治，本書卷五九有傳。

[6]交：交州，又稱交阯，公元前2世紀初南越王趙佗置，後屬西漢。東漢改爲交州，治所在番禺縣（今廣東省廣州市）。三國時移治龍編縣（今越南社會主義共和國河北省仙游縣東）。　廣：廣州，治所在番禺縣（今廣東省廣州市）。

初，崇家稻米飯在地，經宿皆化爲螺，時人以爲族滅之應。有司簿閲崇水碓三十餘區，[1]蒼頭八百餘人，[2]

他珍寶貨賄田宅稱是。[3]

[1]水碓：利用水力舂米的器械。

[2]蒼頭：蒼，原本、宋本、殿本作“倉”，據中華本校勘記改。

[3]稱是：與此相當。

及惠帝復阼，詔以卿禮葬之。封崇從孫演爲樂陵公。

苞曾孫樸，字玄真，[1]爲人謹厚，無他材藝，没於胡。石勒以與樸同姓，[2]俱出河北，引樸爲宗室，特加優寵，位至司徒。

[1]苞曾孫樸：中華本校勘記：“《劉群傳》《石季龍載記》‘樸’作‘璞’。”

[2]石勒：字世龍，本書卷一〇四有載記。

歐陽建，字堅石，世爲冀方右族。雅有理思，才藻美贍，擅名北州。時人爲之語曰：“渤海赫赫，歐陽堅石。”辟公府，[1]歷山陽令、尚書郎、馮翊太守，[2]甚得時譽。及遇禍，莫不悼惜之。年三十餘。臨命作詩，文甚哀楚。

[1]辟公府：被公府招辟。

[2]山陽：縣名，治所在今河南省焦作市東南。　馮翊：郡名，三國魏以左馮翊改置，治所在臨晋縣（今陝西省渭南市大荔縣）。

孫鑠，字巨鄴，河内懷人也。[1]少樂爲縣吏，[2]太守吴奮轉以爲主簿。[3]鑠自微賤登綱紀，[4]時僚大姓猶不與鑠同坐。奮大怒，遂薦鑠爲司隸都官從事。司隸校尉劉訥甚知賞之。時奮又薦鑠於大司馬石苞，苞辟爲掾。鑠將應命，行達許昌，[5]會臺已密遣輕軍襲苞。于時汝陰王鎮許，[6]鑠過謁之。王先識鑠，以鄉里之情私告鑠曰："無與禍。"鑠既出，即馳詣壽春，爲苞畫計，苞賴而獲免。遷尚書郎，在職駁議十有餘事，爲當時所稱。

[1]懷：縣名，治所在今河南省武陟縣西南。

[2]少樂爲縣吏：中華本校勘記："周校：'樂'疑當作'録'。"

[3]主簿：官名，開府屬官，典領文書籍簿、省録衆事，職權甚重。

[4]登綱紀：當上州主簿。綱紀，公府及州郡主簿。

[5]許昌：縣名，治所在許昌城（今河南省許昌市東）。

[6]汝陰王：即司馬駿，字子臧，本書卷三八有傳。

史臣曰：若夫經爲帝師，鄭冲於焉無愧；孝爲德本，王祥所以當仁；何曾善其親而及其親之黨者也。夏禹恭儉，殷因損益。牲牢服用，各有品章，諸侯不常牛，[1]命士不恒豕。禦而驕奢，其關乎治政。乘時立制，莫不由之。石崇學乃多聞，情乖寡悔，超四豪而取富，[2]逾五侯而競爽。[3]春畦靃靡，列於凝沍之晨；錦障逶迤，亘以山川之外。撞鐘舞女，流宕忘歸，至於金谷含悲，[4]吹樓將墜，所謂高蟬處乎輕陰，不知螳蜋襲其後也。

[1]諸侯不常牛：常，殿本作“恒”。

[2]四豪：戰國四君子，即楚春申君黄歇、魏信陵君無忌、趙平原君勝、齊孟嘗君田文。

[3]五侯：漢成帝同時封其五個舅舅王譚、王商、王立、王根、王逢時爲侯。

[4]金谷含悲：含，殿本作“舍”。

贊曰：鄭冲含素，王祥遲暮。百行斯融，雙飛天路。何石殊操，芳餌標奇。帝風流靡，崇心載馳。矜奢不極，寇害成貲。邦分身墜，樂往哀隨。

晋書　卷三四

列傳第四

羊祜　杜預 子錫

羊祜

羊祜，字叔子，泰山南城人也。[1] 世吏二千石，至祜九世，並以清德聞。祖續，[2] 仕漢南陽太守。[3] 父衜，上黨太守。[4] 祜，蔡邕外孫，[5] 景獻皇后同産弟。[6]

[1]泰山：郡名，治所在奉高縣（今山東省泰安市東）。　南城：縣名，治所在今山東省平邑縣南。

[2]續：羊續，東漢泰山陽平（今山東省新泰市）人，字興祖。以祖蔭拜郎中，後辟大將軍竇武府。遭遇黨錮之禍，黨錮解禁後，歷任廬江太守、南陽太守、太尉等職。

[3]南陽：郡名，治所在宛縣（今河南省南陽市）。

[4]上黨：郡名，治所在潞縣（今山西省黎城縣南）。

[5]蔡邕：東漢陳留圉（今河南省杞縣西南）人，字伯喈。通天文、數術、音律、辭章。董卓專擅朝政，任蔡邕爲祭酒、尚書、中郎將等職。董卓被誅後，蔡邕被王允收付廷尉治罪，後死於

獄中。

[6]景獻皇后：即司馬師夫人羊徽瑜，本書卷三一有傳。

祜年十二喪父，孝思過禮，事叔父耽甚謹。嘗游汶水之濱，遇父老謂之曰："孺子有好相，年未六十，必建大功於天下。"既而去，莫知所在。及長，博學能屬文，身長七尺三寸，[1]美鬚眉，善談論。郡將夏侯威異之，[2]以兄霸之子妻之。[3]舉上計吏，[4]州四辟從事、秀才，[5]五府交命，皆不就。太原郭奕見之曰：[6]"此今之顏子也。"與王沉俱被曹爽辟。[7]沉勸就徵，祜曰："委質事人，復何容易。"及爽敗，沉以故吏免，因謂祜曰："常識卿前語。"祜曰："此非始慮所及。"其先識不伐如此。[8]

[1]七尺三寸：三，殿本作"二"。

[2]夏侯威：三國時沛國譙（今安徽省亳州市）人，字季權，歷任荆州刺史、兗州刺史等職。

[3]霸：夏侯霸，三國時沛國譙（今安徽省亳州市）人，字仲權。黄初中爲偏將軍。正始中，代夏侯儒爲征蜀護軍，統屬征西。時夏侯霸從子夏侯玄任征西將軍，司馬懿政變後，誅曹爽，召夏侯玄回京。夏侯霸慮爲禍相及，又兼與雍州刺史郭淮不和，故投奔蜀漢。

[4]上計吏：亦稱計吏，地方政府派赴中央呈遞計簿的官員。

[5]從事：官名，州部屬吏。東漢稱從事史，由州部長官自行選拔任命。　秀才：察舉科目，州舉秀才，郡舉孝廉。

[6]太原：郡名，治所在晋陽縣（今山西省太原市西南）。郭奕：字大業，本書卷四五有傳。

［7］王沉：西晋時晋陽（今山西省太原市西南）人，字處道，本書卷三九有傳。　曹爽：三國時沛國譙縣（今安徽省亳州市）人，字昭伯，曹真子。明帝死，受遺詔與司馬懿共同輔政。後與司馬懿争權，爲司馬懿所殺。

［8］不伐：不自誇耀。

夏侯霸之降蜀也，姻親多告絶，祜獨安其室，恩禮有加焉。尋遭母憂，長兄發又卒，毀慕寢頓十餘年，以道素自居，恂恂若儒者。[1]

［1］恂恂：温順恭謹。

文帝爲大將軍，[1]辟祜，未就，公車徵拜中書侍郎，[2]俄遷給事中、黄門郎。[3]時高貴鄉公好屬文，[4]在位者多獻詩賦，汝南和逌以忤意見斥，[5]祜在其間，不得而親疏，有識尚焉。陳留王立，[6]賜爵關中侯，邑百户。以少帝不願爲侍臣，求出補吏，徙秘書監。[7]及五等建，封鉅平子，邑六百户。鍾會有寵而忌，[8]祜亦憚之。及會誅，拜相國從事中郎，[9]與荀勖共掌機密。[10]遷中領軍，[11]悉統宿衛，入直殿中，執兵之要，事兼内外。

［1］大將軍：官名，高級軍事統帥。曹魏時多以之屯駐長安，對付蜀漢，蜀漢以其爲最高軍事長官，孫吴則别置上大將軍居其上。西晋時爲八公之一，位居上公、大司馬下，三公之上。東晋時常專擅軍政事務。一品。

［2］中書侍郎：官名，三國魏文帝黄初初年設中書省，在長官

中書監、中書令以下有通事郎，後增設中書郎，亦稱中書侍郎。掌草擬詔書，外出執行重要使命等。五品。

[3]給事中：官名，爲加官，所加爲三公、將軍、中書監令、博士、郎等。常侍從皇帝左右，諫諍糾彈，爲中朝要職。五品。　黄門郎：官名，黄門侍郎或給事黄門侍郎的省稱。五品。

[4]高貴鄉公：曹髦，字彦士。曹丕孫。曹芳被廢後立爲帝。後爲司馬昭部下成濟所殺。

[5]汝南：郡名，西晋治所在新息縣（今河南省息縣西南），東晋移治懸瓠城（今河南省汝南縣）。

[6]陳留王：即常道鄉公曹奂，字景明，燕王曹宇之子。封安次縣常道鄉公，後被司馬昭迎立爲帝。公元260至265年在位。後被廢爲陳留王。

[7]秘書監：官名，秘書省長官，掌管藝文圖籍、課試署吏，統著作局，掌國史修撰並管理中外三閣圖書。三品。

[8]鍾會：三國時潁川長社（今河南省長葛市東）人，字士季。鍾繇之子。歷任秘書郎、尚書郎、中書侍郎、黄門侍郎、司隸校尉等職。破蜀後因與姜維謀叛，失敗被殺。

[9]相國：官名，春秋戰國時稱宰輔大臣爲相國，秦漢時稱爲丞相。魏晋南北朝時不常置，職權品秩略同於丞相但位比丞相尊貴，非尋常人臣之職。一品。　從事中郎：官名，東漢時爲大將軍屬官，地位較高。三國時爲將軍府或公府屬官。六品。此爲相國府從事中郎。

[10]荀勖：字公曾，本書卷三九有傳。

[11]中領軍：官名，東漢建安中曹操改領軍置。與中護軍皆典禁兵，屬丞相府。三品。

武帝受禪，以佐命之勛，進號中軍將軍，[1]加散騎常侍，[2]改封郡公，邑二千户。[3]固讓封不受，乃進本爵爲侯，置郎中令，[4]備九官之職，[5]加夫人印綬。泰始初，詔曰："夫總齊機衡，[6]允釐六職，[7]朝政之本也。祜執德清劭，忠亮純茂，經緯文武，謇謇正直，[8]雖處腹心之任，而不總樞機之重，非垂拱無爲委任責成之意也。其以祜爲尚書右僕射、衛將軍，[9]給本營兵。"時王佑、賈充、裴秀皆前朝名望，[10]祜每讓，不處其右。

[1]中軍將軍：官名，西晋時統左右衛、前後左右驍騎等宿衛七營禁軍，主管京師及朝廷警衛。泰始四年（268）罷，置北軍中候代其職。後爲將軍名號，與鎮軍將軍、撫軍將軍並爲三名號將軍，不統禁兵。三品。

[2]散騎常侍：官名，三國魏文帝黄初年間置，侍從皇帝左右，諫諍得失，顧問應對，與侍中等共平尚書奏事。也用作宰相、諸公等加官，入宫議政。三品。

[3]邑二千户：二，殿本作"三"。

[4]郎中令：官名，王國公侯屬官，魏晋爲王國中的三卿之一。六品。

[5]九官：九卿。此泛指中央朝廷官員。

[6]總齊機衡：統管國家部門。機，殿本作"璣"。

[7]允釐六職：治理衆官。

[8]謇謇正直：忠貞剛正。

[9]尚書右僕射：官名，尚書令副手，掌拆閲封緘奏章文書、參議政事、諫諍駁議、監察百官。位在左僕射之下。三品。中華本校勘記："《校文》：時東莞王伷爲右僕射，祜乃左僕射也。《帝紀》及《伷傳》可證。《斠注》：《書鈔》五九、《御覽》九引干寶《晋紀》亦作'左'。"　衛將軍：官名，魏晋時位在名號將軍之上，多爲軍府名號，加給大臣、重要州郡長官。二品，開府位從公者一品。

[10]王佑：西晋時太原晋陽（今山西省太原市西南）人，王濟從兄，任河東太守。　賈充：字公閭，本書卷四〇有傳。　裴秀：字季彦，本書卷三五有傳。

帝將有滅吴之志，以祜爲都督荆州諸軍事、假節，[1]散騎常侍、衛將軍如故。祜率營兵出鎮南夏，開設庠序，[2]綏懷遠近，甚得江漢之心。與吴人開布大信，降者欲去皆聽之。時長吏喪官，後人惡之，多毁壞舊府，祜以死生有命，非由居室，[3]書下征鎮，普加禁斷。吴石城守去襄陽七百餘里，[4]每爲邊害，祜患之，竟以詭計令吴罷守。於是戍邏減半，分以墾田八百餘頃，大獲其利。祜之始至也，軍無百日之糧，及至季年，有十年之積。詔罷江北都督，[5]置南中郎將，[6]以所統諸軍在漢東江夏者皆以益祜。祜在軍常輕裘緩帶，身不被甲，鈴閣之下，[7]侍衛者不過十數人，而頗以畋漁廢政。嘗欲夜出，軍司徐胤執棨當營門曰：[8]"將軍都督萬里，安可輕脱！將軍之安危，亦國家之安危也。胤今日若死，此門乃開耳。"祜改容謝之，此後稀出矣。

[1]都督荆州諸軍事：荆州地區的最高軍事行政長官。　假節：假以節杖。指大臣臨時持節出巡，爲權臣掌軍、秉政的地位象徵和政治待遇。

[2]庠序：學校。

[3]非由居室：宋本無"由"字。

[4]石城：地名，在今湖北省鍾祥市。　襄陽：縣名，治所在今湖北省襄陽市。

[5]江北都督：都統漢江東至江夏諸軍長官。

[6]南中郎將：官名，與東、西、北中郎將並稱四中郎將，統兵征戰，權職甚重。四品。

[7]鈴閣：將帥或州郡長官辦公處。

[8]軍司：官名，即軍師，因避司馬師諱，故改。爲軍府主要屬僚，佐主帥統軍隊，負有匡正監察主帥之責，地位很高，常繼任主帥。　棨：有繒衣的戟。

後加車騎將軍，[1]開府如三司之儀。[2]祜上表固讓曰："臣伏聞恩詔，拔臣使同臺司。[3]臣自出身以來，適十數年，受任外内，每極顯重之任。常以智力不可頓進，恩寵不可久謬，夙夜戰悚，以榮爲憂。臣聞古人之言，德未爲人所服而受高爵，則使才臣不進；功未爲人所歸而荷厚禄，則使勞臣不勸。今臣身托外戚，事連運會，誡在過寵，不患見遺。而猥降發中之詔，加非次之榮。臣有何功可以堪之，何心可以安之。身辱高位，傾覆尋至，願守先人弊廬，豈可得哉！違命誠忤天威，曲從即復若此。蓋聞古人申於見知，大臣之節，不可則止。臣雖小人，敢緣所蒙，念存斯義。今天下自服化以來，方漸八年，雖側席求賢，不遺幽賤，然臣不能推有德，達有功，使聖聽知勝臣者多，未達者不少。假令有遺德於版築之下，[4]有隱才於屠釣之間，[5]而朝議用臣不以爲非，臣處之不以爲愧，所失豈不大哉！臣忝竊雖久，未若今日兼文武之極寵，等宰輔之高位也。且臣雖所見者狹，據今光禄大夫李憙執節高亮，[6]在公正色；光禄大夫魯芝潔身寡欲，[7]和而不同；光禄大夫李胤清亮簡素，[8]立身在朝，皆服事華髮，以禮終始。雖歷位外内之寵，不異寒賤之家，而猶未蒙此選，臣更越之，何以塞天下之望，少益日月！是以誓心守節，無苟進之志。今道路行通，[9]方隅多事，乞留前恩，使臣得速還屯。不爾留連，[10]必於外虞有闕。匹夫之志，有不可奪。”不聽。

[1]車騎將軍：官名，魏晋南北朝時位次於驃騎將軍，在諸名號將軍之上，多作爲軍府名號，以加授大臣及重要州郡長官。二品，開府位從公者一品。

[2]開府如三司之儀：即開府儀同三司，爲大臣加號，意謂與太尉、司徒、司空三司待遇相同，許開設府署，任命僚屬。

[3]臺司：《文選·羊祜〈讓開府表〉》："臣昨出，伏聞恩詔，拔臣使同臺司。"李善注："臺司，三公也。"

[4]版築：指殷商賢臣傅説。《史記》卷三《殷本紀》載：武丁夜夢得聖人，名曰説。群臣百官都不是夢中人，便命人在朝廷以外尋求，結果發現一個版築城墻的刑徒，與夢中所見一樣，便舉以爲相，使殷國大治。

[5]屠釣：指太公望。《韓詩外傳》卷八："太公望少爲人婿，老而見去，屠牛朝歌，賃於棘津，釣於磻溪。"釣，原本、宋本作"狗"，殿本作"釣"，據殿本改。

[6]光禄大夫：官名，三公等大臣告老回家即拜此職，或作爲在朝顯職的加官。三品，開府位從公者一品。　李憙：字季和，本書卷四一有傳。

[7]魯芝：字世英，本書卷九〇有傳。

[8]李胤：字宣伯，本書卷四四有傳。　清亮簡素：清純簡樸。

[9]今道路行通：中華本校勘記："《文選·讓開府表》'行'作'未'，義長。"

[10]不爾：不然。

及還鎮，吴西陵督步闡舉城來降。[1]吴將陸抗攻之甚急，[2]詔祜迎闡。祜率兵五萬出江陵，[3]遣荆州刺史楊肇攻抗，不克，闡竟爲抗所擒。有司奏："祜所統八萬餘人，賊衆不過三萬。祜頓兵江陵，使賊備得設。乃遣楊肇偏軍入險，兵少糧懸，軍人挫衄。背違詔命，無大臣節。可免官，以侯就第。"竟坐貶爲平南將軍，[4]而免楊肇爲庶人。

[1]西陵：地名，在今江蘇省南京市南。　步闡：三國時臨淮淮陰（今江蘇省淮安市淮陰區西南）人，孫吴將領步騭之子，歷任昭武將軍、繞帳督、西陵督等職。因懷疑朝廷欲加害於己而投降西晋。後被陸抗攻殺。

[2]陸抗：三國時吴郡吴縣（今江蘇省蘇州市）人，字幼節。陸遜子。以鎮軍大將軍都督信陵、西陵、夷道、樂鄉、公安諸軍事。與西晋荆州都督羊祜互通使節，各保分界。

[3]江陵：縣名，治所在今湖北省江陵縣。

[4]坐貶：坐，原本、宋本作"在"，殿本作"坐"，據殿本改。　平南將軍：官名，與平東、平西、平北將軍合稱四平將軍。多持節都督或監某一地區的軍事，有時作爲刺史等地方官員監理軍務的加官。三品，加持節都督者二品。

祜以孟獻營武牢而鄭人懼，[1]晏弱城東陽而萊子服，[2]乃進據險要，開建五城，收膏腴之地，奪吴人之資，石城以西，盡爲晋有。自是前後降者不絶，乃增修德信，以懷初附，[3]慨然有吞并之心。每與吴人交兵，克日方戰，[4]不爲掩襲之計。將帥有欲進譎詐之策者，輒飲以醇酒，使不得言。人有略吴二兒爲俘者，祜遣送還其家。後吴將夏詳、邵顗等來降，[5]二兒之父亦率其屬與俱。吴將陳尚、潘景來寇，祜追斬之，美其死節而厚加殯斂。景、尚子弟迎喪，祜以禮遣還。吴將鄧香掠夏口，[6]祜募生縛香，既至，宥之。香感其恩甚，率部曲而降。祜出軍行吴境，刈穀爲糧，皆計所侵，[7]送絹償之。每會衆江沔游獵，常止晋地。若禽獸先爲吴人所傷而爲晋兵所得者，皆封還之。於是吴人翕然悦服，稱爲"羊公"，不之名也。

[1]孟獻營武牢而鄭人懼：事見《左傳·襄公二年》：魯國孟獻子建議在虎牢築城以威逼鄭國，鄭國人於是請和。"武牢"即"虎牢"之避諱字。

[2]晏弱城東陽而萊子服：事見《左傳·襄公六年》：齊國的晏弱在東陽築城，然後就包圍了萊國。最後攻入萊城，滅掉萊國。

[3]以懷初附：殿本"懷"下有"柔"字。

[4]克日方戰：約定日期纔進行戰鬥。

[5]夏詳、邵顗：中華本校勘記："《武紀》作'邵凱、夏祥'，《通鑑》八〇、《册府》四一七'詳'亦作'祥'。"

[6]夏口：即沔口，位於今湖北省武漢市，漢江入長江之口。

[7]皆計所侵：每次都計算出（所收割的）穀的價值。

祜與陸抗相對，使命交通，抗稱祜之德量，雖樂毅、諸葛孔明不能過也。[1]抗嘗病，祜饋之藥，抗服之無疑心。人多諫抗，抗曰："羊祜豈酖人者！"時談以爲華元、子反復見於今。[2]抗每告其戍曰："彼專爲德，我專爲暴，是不戰而自服也。各保分界而已，無求細利。"孫皓聞二境交和，以詰抗。抗曰："一邑一鄉，不可以無信義，况大國乎！臣不如此，正是彰其德，於祜無傷也。”

［1］樂毅：戰國時靈壽（今河北省靈壽縣西北）人，魏將樂羊後代，燕昭王時入燕，帥聯軍大敗齊國，攻下齊國城邑七十多座。後因燕惠王中反間計，樂毅遂離開燕國入趙國。　諸葛孔明：諸葛亮，三國時琅邪陽都（今山東省沂南縣南）人，字孔明。東漢末隨叔父諸葛玄依附荆州劉表，隱居躬耕於隆中。後加入劉備集團，協助劉備占領荆州、益州，實現三分之勢。劉備死後輔佐劉禪，南征南中，北伐曹魏，最終病逝於北伐前綫。

［2］華元、子反：二人事見《左傳·宣公十五年》：楚軍攻打宋國，久攻不下。莊王接受“築室反耕”之策，想使宋人屈服。宋人懼，使華元夜入楚軍，告訴楚軍統帥子反説：“敝邑易子而食，析骸以爨。雖然，城下之盟，有以國斃，不能從也。去我三十里，唯命是聽。”子反懼，與之盟而告楚王。楚軍退三十里，宋楚講和，華元爲質。盟曰：“我無爾詐，爾無我虞。”

祜貞慤無私，[1]疾惡邪佞，荀勖、馮紞之徒甚忌之。[2]從甥王衍嘗詣祜陳事，[3]辭甚俊辯。祜不然之，衍拂衣而起。祜顧謂賓客曰：“王夷甫方以盛名處大位，然敗俗傷化，必此人也。”步闡之役，祜以軍法將斬王戎，[4]故戎、衍並憾之，每言論多毁祜。時人爲之語曰：“二王當國，羊公無德。”

［1］貞慤：忠貞淳樸。

［2］馮紞：字少胄，本書卷三九有傳。

［3］王衍：字夷甫，本書卷四三有傳。

[4]王戎：字濬冲，本書卷四三有傳。

咸寧初，除征南大將軍、開府儀同三司，[1]得專辟召。初，祜以伐吴必藉上流之勢。又時吴有童謡曰："阿童復阿童，銜刀浮渡江。[2]不畏岸上獸，但畏水中龍。"祜聞之曰："此必水軍有功，但當思應其名者耳。"會益州刺史王濬徵爲大司農，[3]祜知其可任，濬又小字阿童，因表留濬監益州諸軍事，[4]加龍驤將軍，[5]密令修舟楫，爲順流之計。

[1]征南大將軍：官名，屬將軍名號，多授予統兵出鎮在外、都督數州諸軍事者。位在征南將軍之上。二品，開府位從公者一品。

[2]銜刀浮渡江：銜，原本、宋本作"御"，殿本作"銜"，據殿本改。

[3]益州：治所在成都縣（今四川省成都市）。　王濬：字士治，本書卷四二有傳。　大司農：官名，掌管全國財政和各地的屯田。三品。

[4]監益州諸軍事：益州地區的軍事行政長官，位次於都督。

[5]龍驤將軍：官名，高級軍事將領。三品。

祜繕甲訓卒，廣爲戎備。至是上疏曰："先帝順天應時，西平巴蜀，南和吴會，海内得以休息，兆庶有樂安之心。而吴復背信，使邊事更興。夫期運雖天所授，而功業必由人而成，不一大舉掃滅，則衆役無時得安。亦所以隆先帝之勛，成無爲之化也。故堯有丹水之伐，[1]舜有三苗之征，[2]咸以寧静宇宙，戢兵和衆者也。

蜀平之時，天下皆謂吴當并亡，自比來十三年，[3]是謂一周，平定之期復在今日矣。議者常言吴楚有道後服，無禮先强，此乃諸侯之時耳。[4]當今一統，不得與古同諭。夫適道之論，[5]皆未應權，是故謀之雖多，而決之欲獨。凡以險阻得存者，謂所敵者同，力足自固。苟其輕重不齊，强弱異勢，則智士不能謀，而險阻不可保也。蜀之爲國，非不險也，高山尋雲霓，深谷肆無景，束馬懸車，[6]然後得濟，皆言一夫荷戟，千人莫當。及進兵之日，曾無藩籬之限，斬將搴旗，伏尸數萬，乘勝席卷，徑至成都，[7]漢中諸城，皆鳥栖而不敢出。非皆無戰心，誠力不足相抗。至劉禪降服，諸營堡者索然俱散。今江淮之難，不過劍閣；[8]山川之險，不過岷漢；[9]孫皓之暴，侈於劉禪；吴人之困，甚於巴蜀。而大晋兵衆，多於前世；資儲器械，盛於往時。今不於此平吴，而更阻兵相守，征夫苦役，日尋干戈，經歷盛衰，不可長久，宜當時定，以一四海。今若引梁益之兵水陸俱下，荆楚之衆進臨江陵，平南、豫州，[10]直指夏口，徐、揚、青、兖並向秣陵，[11]鼓旆以疑之，多方以誤之，以一隅之吴，當天下之衆，勢分形散，所備皆急。巴漢奇兵出其空虚，一處傾壞，則上下震蕩。吴緣江爲國，無有内外，東西數千里，以藩籬自持，所敵者大，無有寧息。孫皓恣情任意，與下多忌，名臣重將不復自信，是以孫秀之徒皆畏逼而至。[12]將疑於朝，士困於野，無有保世之計，一定之心。平常之日，猶懷去就，兵臨之際，必有應者，終不能齊力致死，已可知也。其俗急速，不能持久，[13]弓弩戟楯不如中國，唯有水戰是其所便。一入其境，則長江非復所固，還保城池，則去長入短。而官軍懸進，人有致節之志，吴人戰於其内，有憑城之心。[14]如此，軍不逾時，克可必矣。”帝深納之。

[1]堯有丹水之伐：《藝文類聚》卷一〇《帝王部·帝堯陶唐氏》引《帝王世紀》：“諸侯有苗氏處南蠻而不服，堯征而克之於丹水之浦。”

[2]舜有三苗之征：《史記》卷一《五帝本紀》：“三苗在江淮、荆州數爲亂。於是舜歸而言於帝，請遷三苗於三危，以變西戎。”

[3]自比來十三年：比，殿本作“此”。

[4]此乃諸侯之時耳：諸，原本、宋本、殿本皆作“諸”，中華本作“謂”。

[5]適道之論：合於大道的理論。

[6]束馬懸車：包裹馬蹄，鈎牢車子，以防滑跌傾覆。形容路險難行。

[7]成都：成，原本、宋本作“城”，殿本作“成”，據殿本改。

[8]劍閣：即劍門關，位於今四川省劍閣縣東北。

[9]岷漢：指今四川省北部和陝西省西南部一帶。古代爲岷山郡和漢中郡所在地，故稱。

[10]豫州：曹魏時治所在安城縣（今河南省正陽縣東北），西晋時移治陳縣（今河南省周口市淮陽區）。

[11]徐：徐州，治所在彭城縣（今江蘇省徐州市）。　揚：揚州，三國魏、吴各置揚州，魏治所在壽春縣（今安徽省壽縣），吴治所在建業縣（今江蘇省南京市）。西晋統一後復合，治所在建鄴縣（今江蘇省南京市）。　青：青州，治所在臨淄縣（今山東省淄

博市東北)。　兖:兖州,三國魏治所在廩丘縣(今山東省鄆城縣西北),晋惠帝末,兖州闔境淪没於石勒。東晋元帝僑置兖州,治京口(今江蘇省鎮江市)。　秣陵:縣名,東漢建安十七年(212)孫權改名建業縣,治所在今江蘇省南京市。

[12]孫秀:西晋時吴郡富春(今浙江省杭州市富陽區)人,字彦才,孫權弟。歷任前將軍、夏口督。受孫皓猜疑,率全家投奔西晋,任驃騎將軍,封會稽公。

[13]不能持久:能,殿本作“得”。

[14]吴人戰於其内,有憑城之心:中華本校勘記:“《通鑑》八〇作‘吴人内顧,各有離散之心’,作‘有離散之心’義長。”

會秦凉屢敗,[1]祜復表曰:“吴平則胡自定,但當速濟大功耳。”而議者多不同,祜嘆曰:“天下不如意,恒十居七八,故有當斷不斷。天與不取,豈非更事者恨於後時哉!”[2]

[1]秦:秦州,治所在冀縣(今甘肅省甘谷縣東)。　凉:凉州,東漢時治所在隴縣(今甘肅省張家川回族自治縣),三國魏移治姑臧縣(今甘肅省武威市)。

[2]更事者恨:經驗豐富的人感到遺憾。

其後,詔以泰山之南武陽、牟、南城、梁父、平陽五縣爲南城郡,[1]封祜爲南城侯,置相,與郡公同。祜讓曰:“昔張良請受留萬户,[2]漢祖不奪其志。臣受鉅平於先帝,敢辱重爵,以速官謗!”固執不拜,帝許之。祜每被登進,常守冲退,至心素著,故特見申於分列之外。是以名德遠播,朝野具瞻,[3]搢紳僉議,當居臺輔。

帝方有兼并之志，仗祜以東南之任，[4]故寢之。祜歷職二朝，任典樞要，政事損益，皆諮訪焉，勢利之求，無所關與。其嘉謀讜議，皆焚其草，故世莫聞。凡所進達，人皆不知所由。或謂祜慎密太過者，祜曰："是何言歟！夫入則造膝，出則詭辭，[5]君臣不密之誡，吾惟懼其不及。不能舉賢取異，豈得不愧知人之難哉！且拜爵公朝，謝恩私門，吾所不取。"

[1]南武陽：縣名，治所在今山東省平邑縣。　牟：縣名，治所在今山東省烟臺市福山區西北。　梁父：縣名，治所在今山東省新泰市西。　平陽：縣名，三國魏於西漢東平陽故城置，治所在今山東省新泰市。

[2]張良：秦末人，字子房，韓國貴族後裔。隨劉邦起兵反秦，爲重要謀士，屢出奇策，劉邦贊其"運籌帷幄之中，決勝千里之外"。劉邦稱帝後被封爲留侯。

[3]具瞻：《詩·小雅·節南山》："赫赫師尹，民具爾瞻。"毛亨傳："師，太師，周之三公也。尹，尹氏，爲太師。"

[4]仗祜以東南之任：仗，宋本作"杖"。

[5]入則造膝，出則詭辭：不透露談話的真實内容。《穀梁傳·文公六年》："故士造辟而言，詭辭而出。"范寧注："詭辭而出，不以實告人。"

祜女夫嘗勸祜"有所營置，令有歸戴者，[1]可不美乎？"祜默然不應，退告諸子曰："此可謂知其一不知其二。人臣樹私則背公，是大惑也。汝宜識吾此意。"嘗與從弟琇書曰：[2]"既定邊事，當角巾東路，[3]歸故里，爲容棺之墟。以白士而居重位，何能不以盛滿受責乎！

疏廣是吾師也。"[4]

[1]歸戴：歸心擁戴。

[2]琇：羊琇，字稚舒，本書卷九三有傳。

[3]角巾東路：辭官回鄉。角巾，平民所戴。東路，東歸之路。羊祜的家鄉在山東，故言。

[4]疏廣：西漢時東海蘭陵（今山東省蘭陵縣）人，字仲翁。宣帝時先後任太子少傅、太傅。任職五年，與其侄俱告病辭官還鄉。親屬勸其爲子孫置産業，疏廣認爲這衹能使子孫懶惰，不從。

祜樂山水，每風景，必造峴山，[1]置酒言咏，終日不倦。嘗慨然嘆息，顧謂從事中郎鄒湛等曰："自有宇宙，便有此山。由來賢達勝士，登此遠望，如我與卿者多矣！皆湮滅無聞，使人悲傷。如百歲後有知，魂魄猶應登此也。"湛曰："公德冠四海，道嗣前哲，令問令望，必與此山俱傳。至若湛輩，乃當如公言耳。"

[1]峴山：一名峴首山，位於今湖北省襄陽市南漢江西岸。

祜當討吴賊有功，將進爵土，乞以賜舅子蔡襲。詔封襲關内侯，邑三百户。

會吴人寇弋陽、江夏，[1]略户口，詔遣侍臣移書詰祜不追討之意，并欲移州復舊之宜，祜曰："江夏去襄陽八百里，比知賊問，賊去亦已經日矣。步軍方往，安能救之哉！勞師以免責，恐非事宜也。昔魏武帝置都督，類皆與州相近，以兵勢好合惡離。疆埸之間，一彼一此，慎守而已，古之善教也。若輒徙州，[2]賊出無常，亦未知州之所宜據也。”使者不能詰。

[1]弋陽：郡名，治所在弋陽縣（今河南省潢川縣西）。 江夏：郡名，三國魏時治所在上昶城（今湖北省雲夢縣），西晋時移治安陸縣（今湖北省安陸市西南）。

[2]若輒徙州：州，宋本無“若”字。

祜寢疾，求入朝。既至洛陽，會景獻宫車在殯，[1]哀慟至篤。中詔申諭，扶疾引見，命乘輦入殿，無下拜，甚見優禮。及侍坐，面陳伐吴之計。帝以其病，不宜常入，遣中書令張華問其籌策。[2]祜曰：“今主上有禪代之美，而功德未著。吴人虐政已甚，可不戰而克。混一六合，以興文教，則主齊堯舜，臣同稷契，[3]爲百代之盛軌。[4]如舍之，若孫皓不幸而没，吴人更立令主，雖百萬之衆，長江未可而越也，將爲後患乎！”華深贊成其計。祜謂華曰：“成吾志者，子也。”帝欲使祜卧護諸將，祜曰：“取吴不必須臣自行，但既平之後，當勞聖慮耳。功名之際，臣所不敢居。若事了，當有所付授，願審擇其人。”

[1]景獻宫車在殯：景獻羊皇后的棺柩還没下葬。

[2]中書令：官名，掌收納尚書奏事、傳達皇帝詔旨。三國魏文帝初年分秘書置中書省，設中書監和中書令，職權甚重。三品。 張華：字茂先，本書卷三六有傳。

[3]稷：后稷，名棄，姬周先祖。 契：殷契，殷商先祖。

[4]盛軌：軌，原本、宋本、殿本作“執”，據中華本改。

疾漸篤，乃舉杜預自代。尋卒，時年五十八。帝素服哭之，甚哀。是日大寒，帝涕淚霑鬚鬢，皆爲冰焉。南州人征市日聞祜喪，莫不號慟，罷市，巷哭者聲相接。吴守邊將士亦爲之泣。其仁德所感如此。賜以東園秘器，[1]朝服一襲，錢三十萬，布百匹。詔曰："征南大將軍南城侯祜，蹈德冲素，[2]思心清遠。始在内職，值登大命，乃心篤誠，左右王事，入綜機密，出統方岳。當終顯烈，永輔朕躬，而奄忽殂隕，悼之傷懷。其追贈侍中、太傅，[3]持節如故。"

[1]東園秘器：東園所造棺材。《漢書》卷九三《佞幸·董賢傳》："及至東園秘器，珠襦玉柙，豫以賜賢，無不備具。"顔師古注引《漢舊儀》："東園秘器作棺梓，素木長二丈，崇廣四尺。"東園，官署名。秦漢置。掌管陵墓内器物、葬具的製造與供應，屬少府。

[2]蹈德冲素：恪守道德，淡泊淳樸。

[3]侍中：官名，東漢建安中與給事黄門侍郎出入禁中，省尚書事。曹魏時爲門下之侍中省長官，常侍衛皇帝左右，掌顧問應對、諫諍糾察、平議奏事、駁奏異議等，權力甚重。三品。　太傅：官名，晋爲八公之一。位上公，太宰之下、太保之上。一品。

祜立身清儉，被服率素，禄俸所資，皆以贍給九族，賞賜軍士，家無餘財。遺令不得以南城侯印入柩。從弟琇等述祜素志，求葬於先人墓次。帝不許，賜去城十里外近陵葬地一頃，謚曰成。祜喪既引，帝於大司馬門南臨送。祜甥齊王攸表祜妻不以侯斂之意，[1]帝乃詔曰："祜固讓歷年，志不可奪。身没讓存，遺操益厲，此夷叔所以稱賢，[2]季子所以全節也。[3]今聽復本封，以彰高美。”

[1]齊王攸：司馬攸，字大猷，本書卷三八有傳。

[2]夷叔：伯夷和叔齊，殷商人，商滅後隱居首陽山，不食周粟而死。

[3]季子：春秋時魯國人，又稱季友、成季、成季友。魯桓公子，莊公同母弟。莊公死，慶父作亂，季友逼慶父自殺，立僖公。

初，文帝崩，祜謂傅玄曰：[1]“三年之喪，雖貴遂服，自天子達；而漢文除之，[2]毁禮傷義，常以嘆息。今主上天縱至孝，有曾閔之性，[3]雖奪其服，實行喪禮。喪禮實行，除服何爲邪！若因此革漢魏之薄，而興先王之法，以敦風俗，垂美百代，不亦善乎！”玄曰：“漢文以末世淺薄，不能行國君之喪，故因而除之。除之數百年，一旦復古，難行也。”祜曰：“不能使天下如禮，且使主上遂服，不猶善乎！”玄曰：“主上不除而天下除，此爲但有父子，無復君臣，三綱之道虧矣。”[4]祜乃止。

[1]傅玄：字休奕，本書卷四七有傳。

[2]漢文除之：漢文帝廢除三年之喪。《史記》卷一〇《孝文本紀》載孝文帝遺詔説：“宫殿中當臨者，皆以旦夕各十五舉聲，禮畢罷。非旦夕臨時，禁毋得擅哭。已下，服大紅十五日，小紅十四日，纖七日，釋服。”

[3]曾閔：曾參與閔損（閔子騫）。二人皆孔子弟子，以有孝行著稱。

[4]三綱：古代君臣、父子、夫妻之間的關係準則。《禮記·

樂記》:“然後聖人作，爲父子君臣，以爲紀綱。”孔穎達疏:“《禮緯·含文嘉》云三綱謂君爲臣綱，父爲子綱，夫爲妻綱。”

祜所著文章及爲《老子傳》並行於世。襄陽百姓於峴山祜平生游憩之所建碑立廟，歲時饗祭焉。望其碑者莫不流涕，杜預因名爲墮淚碑。荆州人爲祜諱名，屋室皆以門爲稱，改户曹爲辭曹焉。

祜開府累年，謙讓不辟士，始有所命，會卒，不得除署。[1]故參佐劉儈、趙寅、劉彌、孫勃等箋詣預曰:“昔以謬選，忝備官屬，各得與前征南大將軍祜參同庶事。祜執德冲虚，[2]操尚清遠，德高而體卑，位優而行恭。前膺顯命，來撫南夏，既有三司之儀，復加大將軍之號。雖居其位，不行其制。至今海内渴佇，群俊望風。涉其門者，貪夫反廉，懦夫立志，雖夷惠之操，[3]無以尚也。自鎮此境，[4]政化被乎江漢，潛謀遠計，闢國開疆，諸所規摹，[5]皆有軌量。志存公家，以死勤事，始辟四掾，未至而隕。夫舉賢報國，臺輔之遠任也；搜揚側陋，亦臺輔之宿心也；中道而廢，亦臺輔之私恨也。履謙積稔，[6]晚節不遂，此遠近所以爲之感痛者也。昔召伯所憩，愛流甘棠；[7]宣子所游，封殖其樹。[8]夫思其人，尚及其樹，况生存所辟之士，便當隨例放棄者乎！乞蒙列上，得依已至掾屬。”預表曰:“祜雖開府而不備僚屬，引謙之至，宜見顯明。及扶疾辟士，未到而没。家無胤嗣，官無命士，此方之望，隱憂載懷。夫篤終追遠，人德歸厚，漢祖不惜四千户之封，以慰趙子弟心。請議之。”詔不許。

[1]不得除署：署，宋本作“者”。

[2]執德冲虚：堅持寡欲謙虚的品德。

[3]夷惠之操：伯夷、柳下惠的操行。柳下惠，春秋魯大夫展獲，字季，又字禽，曾爲士師官，食邑柳下，謚惠，故稱其爲展禽、柳下季、柳士師、柳下惠等。以柳下惠之名最爲著稱。

[4]自鎮此境：此，原本、宋本作“北”，殿本作“此”，據殿本改。

[5]諸所規摹：摹，殿本作“模”。

[6]履謙積稔：多年履行謙虚的品德。

[7]召伯所憩，愛流甘棠：事見《史記》卷三四《燕召公世家》：“召公巡行鄉邑，有棠樹，決獄政事其下，自侯伯至庶人各得其所，無失職者。召公卒，而民人思召公之政，懷棠樹不敢伐，歌咏之，作《甘棠》之詩。”

[8]宣子所游，封殖其樹：《左傳·昭公二年》：晋平公派韓宣子到魯國聘問，魯昭公宴享他，席間韓宣子吟《角弓》之詩。宴享結束，在季武子家裏看到一棵樹，韓宣子讚美它。季武子就説：“宿敢不封殖此樹，以無忘《角弓》。”意思是：“我怎敢不培植好這棵樹，來表示不忘記您賦《角弓》啊。”封殖，培植。

祜卒二歲而吴平，群臣上壽，帝執爵流涕曰：“此羊太傅之功也。”因以克定之功，策告祜廟，仍依蕭何故事，[1]封其夫人。策曰：“皇帝使謁者杜宏告故侍中、太傅、鉅平成侯祜：昔吴爲不恭，負險稱號，郊境不闢，多歷年所。祜受任南夏，思静其難，外揚王化，内經廟略，著德推誠，江漢歸心，舉有成資，謀有全策。[2]昊天不吊，[3]所志不卒，朕用悼恨于厥心。乃班命群帥，致天之討，兵不逾時，一征而滅，疇昔之規，若合符契。夫賞不失勞，國有彝典，[4]宜增啓土宇，以崇前命，而重違公高讓之素。今封夫人夏侯氏萬歲鄉君，食邑五千户，又賜帛萬匹，穀萬斛。”

[1]蕭何：秦末泗水沛縣豐邑（今江蘇省豐縣）人。隨劉邦起兵反秦。楚漢戰争中，留守關中，爲前綫籌集糧草。劉邦稱帝後，因功高封酇侯。助吕后誅除韓信，封相國。劉邦死後復事惠帝，死前推薦曹参繼任。

[2]謀有全策：謀，殿本作“識”。

[3]不吊：不庇佑。

[4]彝典：舊有的典章。

祜年五歲時，[1]令乳母取所弄金環。乳母曰：“汝先無此物。”祜即詣鄰人李氏東垣桑樹中探得之。主人驚曰：“此吾亡兒所失物也，云何持去！”乳母具言之，李氏悲惋。時人異之，謂李氏子則祜之前身也。又有善相墓者，言祜祖墓所有帝王氣，若鑿之則無後，祜遂鑿之。相者見曰“猶出折臂三公”，而祜竟墮馬折臂，位至公而無子。

[1]祜年五歲時：中華本“時”下屬。萬久富先生認爲，如果“時”屬下，衹能解釋爲“當時”或“時時”。“時”屬上，意思爲“羊祜五歲的時候”。《搜神記》卷一五“羊祜條”記此事，汪紹楹校注本“時”屬上。（参見萬久富《〈晋書〉點校劄記》，《南通師範學院學報》1999年第3期）

帝以祜兄子暨爲嗣，暨以父没不得爲人後。帝又令暨弟伊爲祜後，又不奉詔。帝怒，並收免之。太康二年，以伊弟篇爲鉅平侯，奉祜嗣。篇歷官清慎，有私牛於官舍産犢，及還而留之。位至散騎常侍，早卒。

孝武太元中，封祜兄玄孫之子法興爲鉅平侯，邑五千户。以桓玄黨誅，[1]國除。尚書祠部郎荀伯子上表訟之曰：[2]“臣聞咎繇亡嗣，臧文以爲深嘆；[3]伯氏奪邑，管仲所以稱仁。[4]功高可百世不泯，濫賞無得崇朝。故太傅、鉅平侯羊祜明德通賢，國之宗主，[5]勛參佐命，功成平吴，而後嗣闕然，烝嘗莫寄。[6]漢以蕭何元功，故絶世輒繼，愚謂鉅平封宜同酇國。故太尉、廣陵公準黨翼賊倫，[7]禍加淮南，[8]因逆爲利，竊饗大邦。值西朝政刑失裁，中興因而不奪。今王道惟新，[9]豈可不大判臧否，[10]謂廣陵國宜在削除。故太保衛瓘本爵菑陽縣公，[11]既被横害，乃進茅土，始贈蘭陵，又轉江夏。中朝名臣，多非理終，瓘功德無殊，而獨受偏賞，謂宜罷其郡封，復邑菑陽，則與奪有倫，善惡分矣。”竟寢不報。

[1]桓玄：字敬道，本書卷九九有傳。

[2]尚書祠部郎：官名，亦稱祠部郎中。尚書祠部曹長官，多以明禮通儒擔任，掌宗廟祭祀禮樂制度。六品。

[3]“咎繇亡嗣”句：《左傳·文公五年》：臧文仲聽到六國和蓼國滅亡的消息説：“皋陶庭堅不祀，忽諸。德之不建，民之無援，哀哉！”意思是：皋陶一下子就没有人祭祀了，德行不建立，百姓没有救援，這真可悲。六和蓼都是皋陶的後代。咎繇，皋陶。

[4]“伯氏奪邑”句：語見《論語·憲問》，有人問孔子管仲

是什麼樣的人，孔子説："人也，奪伯氏駢邑三百，飯疏食，没齒無怨言。"

［5］國之宗主：宋本無"主"字。

［6］烝嘗：泛指祭祀。

［7］廣陵公準：陳準，西晋人，歷任光禄大夫、太尉、録尚書事、中書令等職，封廣陵公。　倫：司馬倫，字子彝，本書卷五九有傳。

［8］淮南：郡名，治所在壽春縣（今安徽省壽縣）。

［9］王道惟新：惟，殿本作"維"。

［10］臧否：品評，褒貶。

［11］太保：官名，史上屢次廢置，三國魏末年復置。晋爲八公之一，位上公，在太宰、太傅之下。安置元老重臣，無職掌。一品。　衛瓘：字伯玉，本書卷三六有傳。

祜前母，孔融女，[1]生兄發，官至都督淮北護軍。[2]初，發與祜同母兄承俱得病，祜母度不能兩存，乃專心養發，故得濟，而承竟死。

［1］孔融：東漢魯國（今山東省曲阜市）人，字文舉。孔子二十世孫。"建安七子"之一。東漢末任侍御史、司空掾、中軍候、虎賁中郎將。建安中爲將作大匠，遷少府。因與曹操積怨被殺。

［2］都督淮北護軍：即都督淮北諸軍事護軍，淮北地區軍政長官，地位稍低於都督淮北諸軍事。

發長子倫，高陽相。[1]倫弟暨，陽平太守。[2]暨弟伊，初爲車騎賈充掾，[3]後歷平南將軍、都督江北諸軍事，[4]鎮宛，[5]爲張昌所殺，[6]追贈鎮南將軍。[7]祜伯父秘，官至京兆太守。[8]子祉，魏郡太守。[9]秘孫亮，字長玄，有才能，多計數。與之交者，必僞盡款誠，人皆謂得其心，而殊非其實也。初爲太傅楊駿參軍，[10]時京兆多盜竊，駿欲更重其法，盜百錢加大辟，請官屬會議。亮曰："昔楚江乙母失布，以爲盜由令尹。[11]公若無欲，盜宜自止，何重法爲？"駿慚而止。累轉大鴻臚。時惠帝在長安，亮與關東連謀，內不自安，奔于并州，[12]爲劉元海所害。[13]亮弟陶，爲徐州刺史。[14]

[1]高陽：郡國名，東漢桓帝置，西晋治所在博陸縣（今河北省蠡縣南）。　相：官名，郡國相，也稱内史。五品。

[2]陽平：郡名，治所在元城縣（今河北省大名縣東北）。

[3]掾：佐治的官吏，此爲車騎將軍掾府。

[4]都督江北諸軍事：江北地區最高軍政長官。

[5]宛：縣名，治所在今河南省南陽市。

[6]張昌：少爲平氏縣吏，有武力，好論戰。太安二年（303），更名李辰，聚衆立山都縣吏丘沈爲天子，建元神鳳，自任相國。後失敗被殺。

[7]鎮南將軍：官名，與鎮東、鎮西、鎮北將軍合稱四鎮將軍。多爲持節都督，出鎮方面。曹魏二品。晋改三品，加持節都督者二品。

[8]京兆：郡名，治所在長安縣（今陝西省西安市西北）。

[9]魏郡：治所在鄴縣（今河北省臨漳縣西南）。

[10]楊駿：字文長，本書卷四〇有傳。　參軍：官名，亦作參軍事，謂參謀軍事。兩晋公府、軍府皆置。

[11]"楚江乙母失布"句：事出《列女傳》：楚國大夫江乙被罷官，原因是有人盜宫中物品，令尹判斷江乙有責任。江乙的母親稱丢失了布匹，告訴楚王是令尹偷的。楚王反問令尹一直陪着自己，怎麼會偷盜，江乙母説："昔孫叔敖之爲令尹也，道不拾遺，

門不閉關，而盜賊自息。今令尹之治也，耳目不明，盜賊公行，是故使盜得盜妾之布，是與使人盜何以異也？”王曰：“令尹在上，寇盜在下，令尹不知，有何罪焉？”母曰：“大王之言過也！昔日妾之子爲郢大夫，有盜王宫中之物者，妾子坐而絀，妾子亦豈知之哉！然終坐之。令尹獨何人，而不以是爲過也？昔者周武王有言曰：‘百姓有過，在予一人。’上不明則下不治，相不賢則國不寧。所謂國無人者，非無人也，無理人者也。王其察之。”王曰：“善。非徒譏令尹，又譏寡人。”乙母，宋本作“一母”。

［12］并州：治所在晋陽縣（今山西省太原市西南）。

［13］劉元海：劉淵，字元海，本書卷一〇一有載記。

［14］徐州：治所在彭城縣（今江蘇省徐州市）。

杜預

杜預，字元凱，京兆杜陵人也。[1]祖畿，[2]魏尚書僕射。[3]父恕，[4]幽州刺史。[5]預博學多通，明於興廢之道，常言：“德不可以企及，立功立言可庶幾也。”初，其父與宣帝不相能，遂以幽死，故預久不得調。

［1］杜陵：縣名，治所在今陕西省西安市東南。

［2］畿：杜畿，三國時京兆杜陵（今陕西省西安市東南）人，字伯侯。東漢建安中任司空司直，遷護羌校尉，使持節，領西平太守，河東太守。在任崇寬惠、開學官、勸農畜，甚有政績。畿，原本、宋本作“幾”，殿本作“畿”，據殿本改。

［3］尚書僕射：官名，秦漢爲尚書令副貳，東漢建安四年（199）分置左、右，爲尚書省次官。三品。

［4］恕：杜恕，三國時京兆杜陵（今陕西省西安市東南）人，字務伯，杜畿子。太和中爲散騎黄門侍郎，後歷任弘農太守、河東太守、幽州刺史等職。

[5]幽州：治所在薊縣（今北京市西南）。

文帝嗣立，預尚帝妹高陸公主，起家拜尚書郎，[1]襲祖爵豐樂亭侯。在職四年，轉參相府軍事。[2]鍾會伐蜀，以預爲鎮西長史。[3]及會反，僚佐並遇害，唯預以智獲免，增邑千一百五十户。[4]

[1]尚書郎：官名。東漢之制，取孝廉中之有才能者入尚書臺，在皇帝左右處理政務，初入臺稱守尚書郎中，滿一年稱尚書郎，滿三年稱侍郎。魏晋以後尚書各曹有侍郎、郎中等官，綜理政務，通稱爲尚書郎。六品。

[2]參相府軍事：官名，相府參軍。

[3]鎮西長史：官名，鎮西將軍府長史。掌軍府顧問參謀，爲所在官署掾屬之長。七品。

[4]一百五十户：五，殿本作“三”。

與車騎將軍賈充等定律令，既成，預爲之注解，乃奏之曰：“法者，蓋繩墨之斷例，非窮理盡性之書也。[1]故文約而例直，聽省而禁簡。例直易見，禁簡難犯。易見則人知所避，難犯則幾於刑厝。刑之本在於簡直，故必審名分。審名分者，必忍小理。[2]古之刑書，銘之鍾鼎，鑄之金石，所以遠塞異端，使無淫巧也。今所注皆網羅法意，格之以名分。[3]使用之者執名例以審趣舍，伸繩墨之直，去析薪之理也。”詔班于天下。

[1]窮理盡性：深究道理物性。

[2]忍小理：捨去小理。

[3]格之以名分：用名分來衡量。

泰始中，守河南尹。[1]預以京師王化之始，自近及遠，凡所施論，務崇大體。受詔爲黜陟之課，[2]其略曰："臣聞上古之政，因循自然，虛己委誠，而信順之道應，神感心通，而天下之理得。逮至淳樸漸散，彰美顯惡，設官分職，以頒爵禄，弘宣六典，[3]以詳考察。然猶倚明哲之輔，建忠貞之司，使名不得越功而獨美，功不得後名而獨隱，皆疇咨博詢，敷納以言。及至末世，不能紀遠而求於密微，疑諸心而信耳目，疑耳目而信簡書。簡書愈繁，官方愈僞，法令滋章，巧飾彌多。昔漢之刺史，[4]亦歲終奏事，不制算課，[5]而清濁粗舉。魏氏考課，即京房之遺意，[6]其文可謂至密。然由於累細以違其體，故歷代不能通也。豈若申唐堯之舊，去密就簡，則簡而易從也。夫宣盡物理，神而明之，存乎其人。去人而任法，則以傷理。今科舉優劣，莫若委任達官，各考所統。在官一年以後，每歲言優者一人爲上第，劣者一人爲下第，因計偕以名聞。如此六載，主者總集采案，其六歲處優舉者超用之，六歲處劣舉者奏免之，其優多劣少者叙用之，劣多優少者左遷之。今考課之品，所對不鈞，誠有難易。若以難取優，以易而否，主者固當準量輕重，微加降殺，不足復曲以法盡也。《己丑詔書》以考課難成，聽通薦例。薦例之理，即亦取於風聲。六年頓薦，黜陟無漸，又非古者三考之意也。[7]今每歲一考，則積優以成陟，累劣以取黜。以士君子之心相處，未有官，故六年六黜清能，六進否劣者也。監司將亦隨而彈之。若令上下公相容過，此爲清議大頽，亦無取於黜陟也。”

[1]河南尹：官名，京都洛陽所在河南郡長官，主管京都事務。三品。

[2]黜陟：人才的進退，官吏的升降。黜，貶降、罷退。陟，提拔、升遷。

[3]六典：周代治國六法。《周禮·天官·大宰》：“大宰之職，掌建邦之六典，以佐王治邦國：一曰治典，以經邦國，以治官府，以紀萬民；二曰教典，以安邦國，以教官府，以擾萬民；三曰禮典，以和邦國，以統百官，以諧萬民；四曰政典，以平邦國，以正百官，以均萬民；五曰刑典，以詰邦國，以刑百官，以糾萬民；六曰事典，以富邦國，以任百官，以生萬民。”

[4]漢之刺史：刺，原本作“制”，宋本、殿本作“刺”，據宋本、殿本改。

[5]不制算課：預算計劃。

[6]京房：西漢東郡頓丘（今河南省清豐縣西南）人，字君明。本姓李。善治《易》。元帝時多次以灾異推論時政。後被中書令石顯告以誹謗政治罪，下獄死。著作甚多，《漢書》卷三〇《藝文志》著録其《孟氏京房》十一篇、《灾異孟氏京房》六十六篇、《京氏段嘉》十二篇。

[7]三考：古代官吏考績制度。《尚書·舜典》：“三載考績，三考，黜陟幽明。”孔穎達疏：“言帝命群官之後，經三載，乃考其功績；經三考則九載，黜陟幽明，明者升之，暗者退之。”

司隸校尉石鑒以宿憾奏預，[1]免職。時虜寇隴右，[2]以預爲安西軍司，[3]給兵三百人，騎百匹。到長安，更除秦州刺史，[4]領東羌校尉、輕車將軍、假節。[5]屬虜兵强盛，石鑒時爲安西將軍，[6]使預出兵擊之。預以虜乘勝馬肥，而官軍懸乏，宜并力大運，須春進討，陳五不可、四不須。鑒大怒，復奏預擅飾城門官舍，稽乏軍興，遣御史檻車徵詣廷尉。[7]以預尚主，在八議，[8]以侯贖論。其後隴右之事卒如預策。

[1]司隸校尉：官名，三國魏時先治弘農，後治河南，轄司州所屬河南、河東、河内、弘農、平陽五郡。掌監察京師，糾察京都百官。西晋沿置。三品。　石鑒：字林伯，本書卷四四有傳。

[2]隴右：地區名，指今甘肅省隴山以西地區。

[3]安西軍司：官名，安西將軍府軍師。軍司，官名，即軍師，因避司馬師諱，故改。爲諸軍府主要僚屬，佐主帥統軍隊，負有匡正監察主帥之責，地位很高，常繼任主帥。

[4]秦州：治所在冀縣（今甘肅省甘谷縣東）。

[5]領：以地位較高的官員兼理較低的職務。　東羌校尉：官名，亦稱護東羌校尉，掌管雍、秦、梁等州内羌族事務，領兵，下設東羌督、東羌獵將等部屬。四品。　輕車將軍：官名，東漢末一度地位較高，在九卿及衛將軍之上。三國魏以後地位稍降，爲將軍名號。五品。

[6]安西將軍：官名，東漢建安年間置，與安東、安南、安北將軍合稱四安將軍，爲出鎮某一地區的軍事長官，或作爲刺史等兼理軍務的加官，權任頗重。三品，加持節都督者二品。

[7]御史：官名，魏晋時爲侍御史、治書侍御史、督軍糧侍御史、殿中侍御史、監國侍御史等官的簡稱。　廷尉：官名，中央最高司法審判機構長官，負責會審朝中有罪文武大臣，覆核審决郡國疑獄等。三品。

[8]八議：古代八種人犯罪經特别審議，可減免刑罰。此八種人爲親、故、賢、能、功、貴、勤、賓。詳見《周禮·秋官·小司

寇》。

是時朝廷皆以預明於籌略，會匈奴帥劉猛舉兵反，[1]自并州西及河東、平陽，[2]詔預以散侯定計省闥，[3]俄拜度支尚書。[4]預乃奏立藉田，[5]建安邊，論處軍國之要。又作人排新器，興常平倉，定穀價，較鹽運，[6]制課調，[7]内以利國外以救邊者五十餘條，皆納焉。石鑒自軍還，論功不實，爲預所糾，遂相仇恨，言論喧嘩，並坐免官，以侯兼本職。數年，復拜度支尚書。

[1]劉猛：東漢末建安年間，曹操把入居塞内的匈奴分爲左、右、南、北、中五部，劉猛爲中部帥。西晋時舉兵反叛，被李恪斬殺。

[2]并州：并，宋本作“开”。　河東：郡名，治所在安邑縣（今山西省夏縣西北禹王城）。

[3]省闥：亦稱禁闥，宫禁之中。

[4]度支尚書：官名，尚書省度支曹長官，掌全國財富的收支會計及事役、漕運、物價、屯田之政令。三品。

[5]藉田：皇帝親耕之田。每逢春耕前，皇帝躬耕藉田，以示對農業的重視。

[6]較鹽運：考核鹽運功效。

[7]制課調：制定徵收賦税的制度。

元皇后梓宫將還于峻陽陵。舊制，既葬，帝及群臣即吉。尚書奏，皇太子亦宜釋服。預議“皇太子宜復古典，以諒闇終制”，從之。

预以時曆差舛，[1]不應晷度，[2]奏上《二元乾度曆》，行於世。預又以孟津渡險，[3]有覆没之患，請建河橋于富平津。[4]議者以爲殷周所都，歷聖賢而不作者，必不可立故也。預曰："'造舟爲梁'，則河橋之謂也。"及橋成，帝從百僚臨會，舉觴屬預曰："非君，此橋不立也。"對曰："非陛下之明，臣亦不得施其微巧。"周廟欹器，[5]至漢東京猶在御坐。漢末喪亂，不復存，形制遂絶。預創意造成，奏上之，帝甚嘉嘆焉。咸寧四年秋，大霖雨，蝗蟲起。預上疏多陳農要，事在《食貨志》。預在内七年，損益萬機，不可勝數，朝野稱美，號曰"杜武庫"，言其無所不有也。

[1]差舛：差錯。

[2]不應晷度：與晷度不合。

[3]孟津：一作盟津，又名富平津。位於今河南省孟州市西南黄河上。

[4]河橋：即河陽橋，西晋泰始中杜預在黄河富平津所建，位於今河南省孟州市西南、孟津縣東北黄河上。

[5]欹器：古代用於自警的盛水器，水少則傾，滿則覆，適中則正，提醒人保持中正。《荀子·宥坐》："孔子觀於魯桓公之廟，有欹器焉。孔子問於守廟者曰：'此爲何器？'守廟者曰：'此蓋爲宥坐之器。'"楊倞注："欹器，傾欹易覆之器。""宥，與'右'同。言人君可置於坐右以爲戒也。"

時帝密有滅吴之計，而朝議多違，唯預、羊祜、張華與帝意合。祜病，舉預自代，因以本官假節行平東將軍，[1]領征南軍司。[2]及祜卒，拜鎮南大將軍、都督荆州諸軍事，[3]給追鋒車、第二駙馬。[4]預既至鎮，繕甲兵，[5]耀威武，乃簡精鋭，襲吴西陵督張政，大破之，以功增封三百六十五户。政，吴之名將也，據要害之地，耻以無備取敗，不以所喪之實告于孫皓。預欲間吴邊將，乃表還其獲之衆於皓。皓果召政，遣武昌監劉憲代之。[6]故大軍臨至，使其將帥移易，以成傾蕩之勢。

[1]行：兼攝官職。　平東將軍：官名，與平北、平南、平西將軍合稱四平將軍，權任很重，多持節都督或監某一地區的軍事，有時亦作爲刺史等地方官員兼理軍務的加官。三品，加持節都督者二品。

[2]征南軍司：官名，征南將軍府軍師。軍司，官名，即軍師，因避司馬師諱，故改。爲諸軍府主要僚屬，佐主帥統軍隊，負有匡正監察主帥之責，地位很高，常繼任主帥。

[3]鎮南大將軍：官名，三國魏置，職掌與鎮南將軍同，唯資歷深者得任此職，不常置。二品，開府位從公者一品。

[4]追鋒車：古代一種輕便的驛車，因車行疾速，故名。

[5]繕甲兵：甲兵，原本、宋本、殿本作“兵甲”，據中華本乙正。

[6]劉憲：中華本校勘記云：“勞校：《武紀》作‘留憲’。按：《王濬傳》、《通鑑》八一亦並作‘留憲’。”

預處分既定，乃啓請伐吴之期。帝報待明年方欲大舉，預表陳至計曰：“自閏月以來，賊但敕嚴，下無兵上。以理勢推之，賊之窮計，力不兩完，必先護上流，勤保夏口以東，以延視息，無緣多兵西上，空其國都。而陛下過聽，便用委棄大計，縱敵患生。此誠國之遠圖，使舉而有敗，勿舉可也。事爲之制，務從完牢。若或有成，則開太平之基，不成，不過費損日月之間，何惜而不一試之！若當須後年，天時人事不得如常，臣恐其更難也。陛下宿議，分命臣等隨界分進，[1]其所禁持，東西同符，萬安之舉，未有傾敗之慮。臣心實了，不敢以曖昧之見自取後累。惟陛下察之。”預旬月之中又上表曰：“羊祜與朝臣多不同，不先博畫而密與陛下共施此計，故益令多異。凡事當以利害相較，今此舉十有八九利，其一二止於無功耳。其言破敗之形亦不可得，直是計不出己，功不在身，各耻其前言，故守之也。自頃朝廷事無大小，異意鋒起，雖人心不同，亦由恃恩不慮後難，故輕相同異也。昔漢宣帝議趙充國所上事效之後，[2]詰責諸議者，[3]皆叩頭而謝，以塞異端也。自秋已來，討賊之形頗露。若今中止，孫皓怖而生計，或徙都武昌，[4]更完修江南諸城，遠其居人，城不可攻，野無所掠，積大船於夏口，則明年之計或無所及。”時帝與中書令張華圍棋，而預表適至。華推枰斂手曰：“陛下聖明神武，朝野清晏，國富兵强，號令如一。吴主荒淫驕虐，誅殺賢能，當今討之，可不勞而定。”帝乃許之。

[1]隨界分進：宋本“分”下有“趨便先驅”四字。

[2]漢宣帝：西漢皇帝，名劉詢，字次卿，戾太子之孫。被霍光迎立爲帝，委政於霍光。　趙充國：西漢隴西上邽（今甘肅省天水市）人，字翁叔。武帝時爲騎士，以善騎射補羽林。從李廣利擊匈奴有功，遷車騎將軍長史。昭帝時歷任水衡都尉、後將軍、衛尉等職。

[3]詰責：詰，殿本作“結”。

[4]武昌：郡名，治所在武昌縣（今湖北省鄂州市鄂城區）。

預以太康元年正月，陳兵于江陵，遣參軍樊顯、尹林、鄧圭，[1]襄陽太守周奇等率衆循江西上，[2]授以節度，旬日之間，累克城邑，皆如預策焉。又遣牙門管定、周旨、伍巢等率奇兵八百，[3]泛舟夜渡，以襲樂鄉，[4]多張旗幟，起火巴山，[5]出於要害之地，以奪賊心。吴都督孫歆震恐，[6]與伍延書曰：“北來諸軍，乃飛渡江也。”吴之男女降者萬餘口，旨、巢等伏兵樂鄉城外。歆遣軍出距王濬，大敗而還。旨等發伏兵，隨歆軍而入，歆不覺，直至帳下，虜歆而還。故軍中爲之謡曰：“以計代戰一當萬。”於是進逼江陵。吴督將伍延僞請降而列兵登陴，[7]預攻克之。既平上流，於是沅湘以南，[8]至于交廣，[9]吴之州郡皆望風歸命，奉送印綬，預仗節稱詔而綏撫之。凡所斬及生獲吴都督、監軍十四，[10]牙門、郡守百二十餘人。又因兵威，徙將士屯戍之家以實江北，南郡故地各樹之長吏，[11]荆土肅然，[12]吴人赴者如歸矣。

[1]參軍：原本、宋本作“將軍”，殿本作“參軍”，據殿本改。

[2]周奇：原本、宋本作“州奇”，殿本作“周奇”，據殿本改。

[3]牙門：官名，牙門將省稱，三國魏晋南北朝皆置，統兵武職，位在裨將軍下、郡守上。五品。

[4]樂鄉：縣名，治所在今湖北省鍾祥市西北。

[5]巴山：又名金字山，位於今湖北省松滋市西南。

[6]都督：此指孫吴樂鄉都督。

[7]登陴：陴，城樓矮墻，亦稱女墻。此指守城。

[8]沅：沅水，今稱沅江。上承貴州省清水江，東北流經湖南省西部至常德市東入洞庭湖。　湘：今湖南湘江。

[9]交：交州，又稱交阯，公元前 2 世紀初南越王趙佗置，後屬西漢。東漢改爲交州，治所在番禺縣（今廣東省廣州市）。三國時移治龍編縣（今越南社會主義共和國河北省仙游縣東）。　廣：廣州，治所在番禺縣（今廣東省廣州市）。

[10]監軍：官名，軍隊出征所置官員，掌監視將帥，權勢頗重。四品。

[11]南郡：治所在江陵縣（今湖北省江陵縣）。

[12]荆土肅然：宋本無“土”字。

王濬先列上得孫歆頭，預後生送歆，洛中以爲大笑。時衆軍會議，或曰：“百年之寇，未可盡克。今向暑，水潦方降，疾疫將起，宜俟來冬，更爲大舉。”預曰：“昔樂毅藉濟西一戰以并强齊，今兵威已振，譬如破竹，數節之後，皆迎刃而解，無復著手處也。”遂指授群帥，徑造秣陵。[1]所過城邑，莫不束手。議者乃以書謝之。

[1]徑造秣陵：造，殿本作“進”。

孫皓既平，振旅凱入，以功進爵當陽縣侯，增邑并前九千六百户，封子耽爲亭侯，千户，賜絹八千匹。

初，攻江陵，吴人知預病癭，[1]憚其智計，以瓠繫狗頸示之。每大樹似癭，輒斫使白，題曰“杜預頸”。及城平，盡捕殺之。

[1]癭：俗稱大脖子病。多由囊狀腫瘤或甲狀腺腫大引起。

預既還鎮，累陳家世吏職，武非其功，請退。不許。

預以天下雖安，忘戰必危，勤於講武，修立泮宫，江漢懷德，化被萬里。攻破山夷，錯置屯營，分據要害之地，以固維持之勢。又修邵信臣遺迹，[1]激用滍淯諸水以浸原田萬餘頃，[2]分疆刊石，使有定分，公私同利。衆庶賴之，號曰“杜父”。舊水道唯沔漢達江陵千數百里，北無通路。又巴丘湖，[3]沅湘之會，表裏山川，實爲險固，荆蠻之所恃也。預乃開楊口，起夏水達巴陵千餘里，内瀉長江之險，外通零桂之漕。[4]南土歌之曰：“後世無叛由杜翁，孰識智名與勇功。”

[1]邵信臣：西漢九江壽春（今安徽省壽縣東南）人，字翁卿。以明經甲科爲郎，出補穀陽長。後歷任上蔡長、零陵太守、南陽太守、諫大夫等職，官至少府。在任視民如子，興修水利，民得其利。吏民愛之，稱爲“召父”。

[2]滍：水名，即今河南省魯山縣、葉縣境内的沙河。　淯：淯水，即今河南省白河，爲漢江支流。

[3]巴丘：一名巴陵，又名天岳山。位於今湖南省岳陽市西南。

[4]零：零陵郡，西漢置，治所在零陵縣（今廣西壯族自治區全州縣西南），東漢至晋治所在泉陵縣（今湖南省永州市）。　桂：桂陽郡，治所在郴縣（今湖南省郴州市）。

預公家之事，知無不爲。凡所興造，必考度始終，鮮有敗事。或譏其意碎者，預曰：“禹稷之功，期於濟世，所庶幾也。”[1]

[1]庶幾：差不多，近似。

預好爲後世名，常言“高岸爲谷，深谷爲陵”，刻石爲二碑，紀其勛績，一沉萬山之下，一立峴山之上，曰：“焉知此後不爲陵谷乎！”

預身不跨馬，射不穿札，[1]而每在大事，輒居將率之列。結交接物，恭而有禮，問無所隱，誨人不倦，敏於事而慎於言。既立功之後，從容無事，乃耽思經籍，爲《春秋左氏經傳集解》。又參考衆家譜第，謂之《釋例》。又作《盟會圖》《春秋長曆》，備成一家之學，比老乃成。又撰《女記讚》。當時論者謂預文義質直，世人未之重，唯秘書監摯虞賞之，[2]曰：“左丘明本爲《春秋》作傳，而《左傳》遂自孤行。《釋例》本爲《傳》設，而所發明何但《左傳》，故亦孤行。”時王濟解相馬，[3]又甚愛之，而和嶠頗聚斂，[4]預常稱“濟有馬癖，嶠有錢癖”。武帝聞之，謂預曰：“卿有何癖？”對曰：“臣有《左傳》癖。”

[1]射不穿札：札，鎧甲。春秋時神射手養由基能射穿七札，杜預一層都射不穿。形容他没有武力。

[2]摯虞：字仲洽，本書卷五一有傳。

[3]王濟：字武子，本書卷四二有傳。

[4]和嶠：字長輿，本書卷四五有傳。

預在鎮，數餉遺洛中貴要。或問其故，預曰："吾但恐爲害，不求益也。"

預初在荆州，因宴集，醉卧齋中。外人聞嘔吐聲，竊窺於户，止見一大蛇垂頭而吐。聞者異之。其後徵爲司隸校尉，加位特進，[1]行次鄧縣而卒，[2]時年六十三。帝甚嗟悼，[3]追贈征南大將軍、開府儀同三司，謚曰成。預先爲遺令曰："古不合葬，明於終始之理，同於無有也。中古聖人改而合之，蓋以别合無在，更緣生以示教也。自此以來，大人君子或合或否，未能知生，安能知死，故各以己意所欲也。吾往爲臺郎，嘗以公事使過密縣之邢山。[4]山上有冢，問耕父，[5]云是鄭大夫祭仲，[6]或云子産之冢也，[7]遂率從者祭而觀焉。其造冢居山之頂，四望周達，連山體南北之正而邪東北，向新鄭城，[8]意不忘本也。其隧道唯塞其後而空其前，不填之，示藏無珍寶，不取於重深也。山多美石不用，必集洧水自然之石以爲冢藏，貴不勞工巧，而此石不入世用也。君子尚其有情，小人無利可動，歷千載無毁，儉之致也。吾去春入朝，因郭氏喪亡，緣陪陵舊義，自表營洛陽城東首陽之南爲將來兆域。[9]而所得地中有小山，上無舊冢。其高顯雖未足比邢山，然東奉二陵，西瞻宫闕，南觀伊洛，北望夷叔，曠然遠覽，情之所安也。故遂表樹開道，爲一定之制。至時皆用洛水圓石，開隧道南向，儀制取法於鄭大夫，欲以儉自完耳。棺器小斂之事，皆當稱此。"子孫一以遵之。子錫嗣。

[1]特進：官名，三國兩晋時表示有特殊地位，或用作安置閑退大臣。二品。

[2]鄧縣：治所在今河南省鄧州市。

[3]嗟悼：嗟，殿本作“嘆”。

[4]密縣：治所在今河南省新密市東南。　邢山：位於今河南省新鄭市南。

[5]問耕父：問，宋本作“開”。

[6]祭（zhài）仲：春秋時鄭國祭邑（今河南省鄭州市）人，名祭足，字仲。鄭莊公時任大夫，鄭莊公逝世後，先後扶立鄭莊公的四个兒子爲國君，掌管鄭國政權數十年。

[7]子産：春秋時鄭國人，名僑，字子産。鄭穆公之孫，公子發之子，因又稱公孫僑。鄭簡公時執掌國政，作丘賦、鑄刑書、擇賢能、護鄉校，進行一系列改革。

[8]新鄭：縣名，治所在今河南省新鄭市。

[9]首陽：首陽山，又名首山。位於今河南省偃師市西北，是邙山最高處，因日出先照，故名。　兆域：墓地。

錫，字世嘏。少有盛名，起家長沙王乂文學，[1]累遷太子中舍人。[2]性亮直忠烈，屢諫愍懷太子，[3]言辭懇切，太子患之。後置針著錫常所坐處氈中，刺之流血。他日，太子問錫：“向著何事？”錫對：“醉不知。”太子詰之曰：“君喜責人，何自作過也。”後轉衛將軍長史。[4]趙王倫篡位，以爲治書御史。[5]孫秀求交於錫，而錫距之，秀雖銜之，憚其名高，不敢害也。惠帝反政，[6]遷吏部郎、城陽太守，[7]不拜，仍遷尚書左丞。[8]年四十八卒，贈散騎常侍。子乂嗣，在《外戚傳》。

[1]長沙王乂：司馬乂，字士度，本書卷五九有傳。　文學：官名，魏晋太子、諸王及世子均置，掌各級教育文事。

[2]太子中舍人：官名，簡稱太子中舍、中舍人、中舍。東宫屬官，其中有才學者與中庶子共掌東宫文翰及奏事文書，侍從規諫太子。位在太子中庶子下、太子洗馬上。六品。

[3]愍懷太子：即司馬遹，字熙祖，本書卷五三有傳。

[4]長史：官名，掌顧問參謀，爲所在官署掾屬之長。魏晋南北朝時王府、公府、軍府、邊郡均置。此爲衛將軍府長史，六品。

[5]治書御史：官名，全稱治書侍御史，簡稱御史治書、治書御史、侍書。屬諸侍御史之一種，亦簡稱侍御史、侍御、御史。西漢時掌圖籍文書，東漢時屬御史臺，職掌也變爲審理疑獄、平廷尉奏事。魏晋南北朝時爲御史中丞佐貳，掌監察、彈劾高級官員，也奉命出使，緝拿犯官。六品。

[6]惠帝反政：中華本校勘記："《通志》一二一上'政'作'正'。《裴頠傳》亦有此句，作'正'。"

[7]吏部郎：官名，尚書省吏部曹長官通稱。亦稱郎中，資深者可轉侍郎。屬吏部尚書，主管官吏選任、銓叙、調動事務，對五品以下官吏之任免有建議權。六品。　城陽：郡國名，治所在莒縣（今山東省莒縣）。

[8]尚書左丞：官名，尚書省佐官，位次尚書，居尚書右丞上。與右丞共掌尚書都省庶務，率諸都令史監督稽核諸尚書曹、郎曹政務。左丞又掌督録近道文書章奏，監察糾彈尚書令、僕射、尚書等文武百官，號稱"監司"，權勢甚重。六品。

史臣曰：泰始之際，人祇呈貺，[1]羊公起平吴之策，其見天地之心焉。昔齊有黔夫，[2]燕人祭北門之鬼；趙有李牧，[3]秦王罷東并之勢。桑枝不競，[4]瓜潤空慚。[5]垂大信於南服，傾吴人於漢渚，江衢如砥，襁袂同歸。

而在乎成功弗居，幅巾窮巷，落落焉其有風飆者也。杜預不有生知，用之則習，振長策而攻取，兼儒風而轉戰。孔門稱四，[6]則仰止其三；《春秋》有五，[7]而獨擅其一，不其優歟！夫三年之喪，云無貴賤。雖纖奪於在位，[8]可以興嗟；既葬釋於儲君，何其斯酷。徇以苟合，不求其正，以當代之元良，[9]爲諸侯之庶子，檀弓習於變禮者也，[10]杜預其有焉。

[1]人祇呈貺：人神俱喜。

[2]齊有黔夫：《史記》卷四六《田敬仲完世家》載齊威王語："吾吏有黔夫者，使守徐州，則燕人祭北門，趙人祭西門，徙而從者七千餘家。"

[3]李牧：戰國時趙國名將，駐守趙國北境，匈奴十餘年不敢犯。又多次打敗西部的秦國軍隊，秦人深以爲患，施反間計使趙王將李牧殺害。宋本無"李"字。

[4]桑枝不競：典出《襄陽耆舊傳》：襄陽人韓係伯，事父母謹。鄰居在兩家地界種桑樹，志係伯以桑枝蔭妨他地，後遷數尺。鄰居更復侵之，係伯輒更改種。鄰人慚愧，還所侵地，躬往謝之。

[5]瓜潤空慚：典出賈誼《新書·退讓》：梁大夫宋就爲邊縣令，與楚鄰界。梁楚邊界皆種瓜。梁人勤灌溉，其瓜美；楚人稀澆灌，其瓜惡。楚人惡梁瓜優於己，夜往騷之。梁人覺，思報復，宋就勿許，反使人夜往灌潤楚瓜，楚瓜亦美。事覺，楚令大悦，聞之於楚王，梁楚以此交好。

[6]孔門稱四：即孔門四科。語見《論語·先進》："德行：顔淵，閔子騫，冉伯牛，仲弓。言語：宰我，子貢。政事：冉有，季路。文學：子游，子夏。"

[7]《春秋》有五：注釋《春秋》的五家：《春秋左氏傳》《春秋公羊傳》《春秋穀梁傳》《春秋鄒氏傳》和《春秋夾氏傳》。

見《漢書》卷三〇《藝文志》。

[8]雖纖奪於在位：纖，指弋綈之服。本句指杜預主張“皇太子宜復古典，以諒闇終制”之事。

[9]元良：太子。

[10]檀弓習於變禮：《禮記·檀弓下》：“是日也，以吉祭易喪祭。明日，祔於祖父。其變而之吉祭也。”孔穎達疏：“正義曰：上云虞卒哭及祔，皆據得常正禮，此經所云，謂不得正禮，故謂之‘變’，以其變常禮也。所以有變者，或時有迫促，或事有忌諱，未及葬期，死而即葬者，即《喪服小記》所云赴葬者、赴虞者，三月而後卒哭。彼據士禮而言，速葬速虞之後，卒哭之前，其日尚賒，不可無祭，謂之爲變。其既虞之後，變禮而之吉祭也。”

贊曰：漢池西險，吴江左迴。羊公恩信，百萬歸來。昔之誓旅，懷經罕素。[1]元凱文場，稱爲武庫。

[1]懷經罕素：指杜預耽思經籍，作《春秋左氏經傳集解》。罕素，稀罕的素絹，喻書寫材料。

晋書　卷三五

列傳第五

陳騫 子輿　裴秀 子頠 從弟楷 楷子憲

陳騫

陳騫，臨淮東陽人也。[1]父矯，[2]魏司徒。[3]矯本廣陵劉氏，[4]爲外祖陳氏所養，因而改焉。騫沉厚有智謀。初，矯爲尚書令，[5]侍中劉曄見幸於魏明帝，[6]譖矯專權。矯憂懼，以問騫。騫曰："主上明聖，大人大臣，今若不合意，不過不作公耳。"後帝意果釋。騫尚少，爲夏侯玄所侮，[7]意色自若，玄以此異之。

[1]臨淮：郡國名，治所在盱眙縣（今江蘇省盱眙縣東北）。東陽：縣名，治所在今江蘇省盱眙縣東南。

[2]矯：陳矯，三國時廣陵東陽（今江蘇省盱眙縣東南）人，字季弼，本姓劉，嗣外祖改姓陳。歷曹魏武帝、文帝、明帝三帝，歷任司空掾、征南將軍長史、樂陵太守、魏郡太守等職，官至尚書令。

[3]司徒：官名，西漢哀帝元壽二年（前1）改丞相爲大司徒，

東漢光武帝時改名爲司徒，東漢末又改爲丞相。三國魏恢復三公制，改丞相爲司徒，管理民政。兩晋沿制，爲八公之一，在太尉之下、司空之上。與丞相通職，一般不並置，爲名譽宰相。一品。

[4]廣陵：郡名，三國時治所在淮陰縣（今江蘇省淮安市淮陰區西南甘羅城），東晋治所在廣陵縣（今江蘇省揚州市西北蜀岡上）。

[5]尚書令：官名，秦漢時爲尚書署長官。秩位雖低，權力甚重。魏晋時沿置，爲尚書省長官，綜理全國政務，參議大政，爲高級政務長官。三品。

[6]侍中：官名，東漢建安中與給事黄門侍郎出入禁中，省尚書事。曹魏時爲門下之侍中省長官，常侍衛皇帝左右，掌顧問應對、諫諍糾察、平議奏事、駁奏異議等，權力甚重。三品。　劉曄：三國時淮南成德（今安徽省壽縣東南）人，字子揚，漢宗室之後。先依附廬江太守劉勛，後歸曹操，歷任司空倉曹掾、行軍長史、侍中、太中大夫等職。後被魏明帝疏遠，以憂死。

[7]夏侯玄：三國時沛國譙縣（今安徽省亳州市）人，字太初，夏侯淵之孫，曹爽之姑子。善談名理，玄學家。

起家尚書郎，[1]遷中山、安平太守，[2]並著稱績。徵爲相國司馬、長史、御史中丞，[3]遷尚書，[4]封安國亭侯。蜀賊寇隴右，[5]以尚書持節行征蜀將軍，[6]破賊而還。會諸葛誕之亂，[7]復以尚書行安東將軍。[8]壽春平，[9]拜使持節、都督淮北諸軍事、安東將軍，[10]進爵廣陵侯。轉都督豫州諸軍事、豫州刺史，[11]持節、將軍如故。又轉都督江南諸軍事，[12]徙都督荆州諸軍事、征南大將軍，[13]封郯侯。

［1］尚書郎：官名。東漢之制，取孝廉中之有才能者入尚書臺，在皇帝左右處理政務，初入臺稱守尚書郎中，滿一年稱尚書郎，滿三年稱侍郎。魏晉以後尚書各曹有侍郎、郎中等官，綜理政務，通稱爲尚書郎。六品。

［2］中山：郡名，治所在盧奴縣（今河北省定州市）。　安平：封國名，治所在信都縣（今河北省衡水市冀州區）。

［3］相國司馬：官名，相國府的高級幕僚。掌參讚軍務、管理府内武職，位僅次於長史。六品。　長史：官名，此爲相國府長史，相府幕僚之長，協助丞相署理相府諸曹。六品。　御史中丞：官名，御史大夫副手，掌監察、執法，爲京師顯官，職權甚重。四品。

［4］尚書：官名，東漢尚書臺六曹各置尚書，秩六百石。魏晉出爲朝官，分掌尚書省諸曹，品秩提高。三品。

［5］隴右：地區名，指甘肅省隴山以西地區。

［6］征蜀將軍：官名，專號將軍，曹魏爲伐蜀而設。三品。

［7］諸葛誕：三國時琅邪陽都（今山東省沂南縣南）人，字公休。歷任曹魏滎陽令、御史中丞、尚書、揚州刺史、鎮東將軍、鎮南將軍、征東大將軍等職。後起兵反司馬昭，兵敗被殺。

［8］行：兼攝官職。　安東將軍：官名，東漢建安年間置，與安西、安南、安北將軍合稱四安將軍，爲出鎮某一地區的軍事長官，或作爲刺史等兼理軍務的加官，權任頗重。三品，加持節都督者二品。

［9］壽春：縣名，治所在今安徽省壽縣東南。

［10］使持節：漢朝官吏奉使外出時，或由皇帝授予節杖，以提高其權力。魏晉以後，凡重要軍事長官出征或出鎮，加使持節，可誅殺二千石以下官員。　都督淮北諸軍事：淮北地區最高軍事行政長官。

［11］都督豫州諸軍事：豫州最高軍事行政長官。

［12］都督江南諸軍事：江南地區最高軍事行政長官。

[13]都督荆州諸軍事：荆州最高軍事行政長官。　征南大將軍：官名，屬將軍名號，多授予統兵出鎮在外、都督數州諸軍事者。位在征南將軍之上。二品，開府位從公者一品。

武帝受禪，以佐命之勛，進車騎將軍，[1]封高平郡公，遷侍中、大將軍，[2]出爲都督揚州諸軍事，[3]餘如故，假黄鉞。[4]攻拔吴枳里城，[5]破涂中屯戍，[6]賜騫兄子惲爵關中侯。

[1]車騎將軍：官名，魏晋南北朝時位次於驃騎將軍，在諸名號將軍之上，多作爲軍府名號，以加授大臣及重要州郡長官。二品，開府位從公者一品。

[2]大將軍：官名，高級軍事統帥。曹魏時多以之屯駐長安，對付蜀漢，蜀漢以其爲最高軍事長官，孫吴則别置上大將軍居其上。西晋時爲八公之一，位居上公、大司馬下，三公之上。東晋時常專擅軍政事務。一品。

[3]都督揚州諸軍事：揚州最高軍事行政長官。

[4]假黄鉞：假以黄鉞。黄鉞即飾以黄金的斧鉞，爲皇帝儀仗。賜予出征重臣，以示威重，令其專主征伐。

[5]枳里城：具體位置不詳。本傳既言“攻拔吴枳里城，破涂中屯戍”，則枳里城當在涂中範圍内。

[6]涂中：地區名，即今安徽、江蘇兩省境内的滁河流域。

咸寧初，遷太尉，[1]轉大司馬。[2]騫因入朝，言於帝曰：“胡烈、牽弘皆勇而無謀，[3]强於自用，非綏邊之材，將爲國耻。[4]願陛下詳之。”時弘爲揚州刺史，[5]不承順騫命。帝以爲不協相構，於是徵弘，既至，尋復以爲凉州刺史。[6]騫竊嘆息，以爲必敗。二人後果失羌戎之和，皆被寇喪没，征討連歲，僅而得定，帝乃悔之。

[1]太尉：官名，曹操爲丞相後，太尉府屬官歸相府，晋時太尉雖爲八公之一、三公之首，實爲名譽宰相，多爲大臣加官。一品。

[2]大司馬：官名，八公之一，位在上公之下、大將軍及三公之上，高級將帥，多爲大臣加官。一品。

[3]胡烈：三國時安定臨涇（今甘肅省鎮原縣東南）人，胡遵之子。　牽弘：西晋人，歷任隴西太守、揚州刺史、凉州刺史等職，泰始七年（271）死於討伐北地胡的戰役中。

[4]將爲國耻：殿本“爲”下有“之”字。

[5]揚州：三國魏、吴各置揚州，魏治所在壽春縣（今安徽省壽縣），吴治所在建業縣（今江蘇省南京市）。西晋統一後復合，治所在建鄴縣（今江蘇省南京市）。

[6]凉州：東漢時治所在隴縣（今甘肅省張家川回族自治縣），三國魏移治姑臧縣（今甘肅省武威市）。

騫少有度量，含垢匿瑕，所在有績。與賈充、石苞、裴秀等俱爲心膂，[1]而騫智度過之，充等亦自以爲不及也。

[1]賈充：字公閭，本書卷四〇有傳。　石苞：字仲容，本書卷三三有傳。

累處方任，爲士庶所懷。既位極人臣，年逾致仕，思欲退身。咸寧三年，求入朝，因乞骸骨。賜衮冕之服，[1]詔曰："騫元勛舊德，統乂東夏，[2]方弘遠績，以一吳會，而所苦未除，每表懇切，重勞以方事。今聽留京城，以前太尉府爲大司馬府，增置祭酒二人，[3]帳下司馬、官騎、大車、鼓吹皆如前，[4]親兵百人，厨田十頃，[5]厨園五十畝，厨士十人，器物經用皆留給焉。又給乘輿輦，出入殿中加鼓吹，如漢蕭何故事。"[6]騫屢稱疾辭位，[7]詔曰："騫履德論道，朕所諮詢。方賴謀猷，以弘庶績，宜時視事。可遣散騎常侍諭意。"[8]騫輒歸第，詔又遣侍中敦諭還府。遂固請，許之，位同保傅，在三司之上，賜以几杖，不朝，安車駟馬，以高平公還第。帝以其勛舊耆老，禮之甚重。又以騫有疾，聽乘輿上殿。

[1]衮冕之服：皇帝及上公的禮服。

[2]統乂東夏：乂，原本、宋本作"人"，殿本作"乂"，據殿本改。

[3]祭酒：官名，王公府屬官，主内閣事，又稱東、西閣祭酒。

[4]鼓吹：儀仗中的樂隊。

[5]厨田：賜給官員占田之外的土地。

[6]蕭何：秦末泗水沛縣豐邑（今江蘇省豐縣）人。隨劉邦起兵反秦。楚漢戰爭中，留守關中，爲前綫籌集糧草。劉邦稱帝後，因功高封酇侯。助吕后誅除韓信，封相國。劉邦死後復事惠帝，死前推薦曹參繼任。

[7]屢：殿本作"累"。

[8]散騎常侍：官名，三國魏文帝黄初年間置，侍從皇帝左右，諫諍得失，顧問應對，與侍中等共平尚書奏事。也用作宰相、諸公等加官，入宫議政。三品。

騫素無謇諤之風，[1]然與帝語傲；及見皇太子加敬，時人以爲諂。弟稚與其子輿忿争，遂説騫子女穢行，騫表徙弟，以此獲譏於世。

[1]謇諤：正直敢説話。

元康二年薨，年八十一。加以衮斂，[1]贈太傅，謚曰武。及葬，帝於大司馬門臨喪，望柩流涕，禮依大司馬石苞故事。子輿嗣爵。

[1]衮斂：斂以丞相之服。

輿，字顯初，拜散騎侍郎、洛陽令，[1]遷黄門侍郎，[2]歷將校、左軍將軍、大司農、侍中。[3]坐與叔父不睦，出爲河内太守。[4]輿雖無檢正，[5]而有力致。尋卒，子植，字弘先，嗣，官至散騎常侍。卒，子粹嗣，永嘉中遇害，孝武帝以騫玄孫襲爵。卒，弟子浩之嗣。宋受禪，國除。

[1]散騎侍郎：官名，三國魏置。隸屬散騎省，侍從皇帝左右，顧問應對，諫諍拾遺，與散騎常侍、侍中等共平尚書奏事。五品。　洛陽：縣名，治所在今河南省洛陽市東北。

[2]黄門侍郎：官名，魏晋時爲侍中省或門下省次官。侍從皇帝，顧問應對，多以重臣或外戚子弟擔任，位頗重要。五品。

[3]將校：官名，中郎將校尉。　左軍將軍：官名，與前軍、後軍、右軍將軍合稱四軍將軍，領營兵千人，掌宿衛。初屬中軍將軍，後屬領軍將軍。四品。中華本此處作“將校左軍”，脱“將

軍”二字，且將“將校”與“左軍”聯屬。應頓開，魏晋無“將校左軍”之職。　大司農：官名，掌管全國財政和各地的屯田。三品。

[4]河内：郡名，治所在野王縣（今河南省沁陽市）。

[5]檢正：端正的操行。

裴秀

裴秀，字季彦，河東聞喜人也。[1]祖茂，漢尚書令。父潛，[2]魏尚書令。秀少好學，有風操，八歲能屬文。叔父徽有盛名，賓客甚衆。秀年十餘歲，[3]有詣徽者，出則過秀。然秀母賤，嫡母宣氏不之禮，嘗使進饌於客，見者皆爲之起。秀母曰：“微賤如此，當應爲小兒故也。”宣氏知之，後遂止。時人爲之語曰：“後進領袖有裴秀。”

[1]河東：郡名，治所在安邑縣（今山西省夏縣西北禹王城）。　聞喜：縣名，治所在今山西省聞喜縣東北。

[2]潛：裴潛，三國時河東聞喜（今山西省聞喜縣東北）人，字文行。東漢末避亂荆州，曹操定荆州，以裴潛參丞相軍事，出歷三縣令，入爲倉曹屬。曹操至魏明帝時，歷任代郡太守、沛國相、兖州刺史、散騎常侍、魏郡和潁川典農中郎將、荆州刺史、河南尹、太尉軍師、大司農、尚書令等職。

[3]年十餘歲：殿本無“餘”字。

渡遼將軍毌丘儉嘗薦秀於大將軍曹爽，[1]曰：“生而岐嶷，[2]長蹈自然；玄静守真，[3]性入道奥；[4]博學强記，無文不該；[5]孝友著於鄉黨，高聲聞於遠近。誠宜弼佐謨明，[6]助和鼎味，[7]毗贊大府，[8]光昭盛化。非徒子奇、甘羅之儔，[9]兼包顔、冉、游、夏之美。”[10]爽乃辟爲掾，襲父爵清陽亭侯，遷黄門侍郎。爽誅，以故吏免。頃之，爲廷尉正，[11]歷文帝安東及衛將軍司馬，[12]軍國之政，多見信納。遷散騎常侍。

［1］渡遼將軍：官名，東漢時掌北邊邊防，三國魏沿置。秩二千石。　毌丘儉：三國時河東聞喜（今山西省聞喜縣東北）人，字仲恭。歷任曹魏尚書郎、羽林監、洛陽典農、荆州刺史、幽州刺史等職。後舉兵反司馬師，兵敗被殺。　曹爽：三國時沛國譙縣（今安徽省亳州市）人，字昭伯，曹真子。明帝死，受遺詔與司馬懿共同輔政。後與司馬懿争權，爲司馬懿所殺。

［2］岐嶷：幼年聰慧。《詩·大雅·生民》：“誕實匍匐，克岐克嶷。”朱熹集傳：“岐嶷，峻茂之狀。”

［3］玄静守真：玄遠安静，保持本真。

［4］性入道奥：品性進入深奥的道理之中。

［5］該：包括，囊括。

［6］弼佐謨明：用完美的謀略輔佐君王。

［7］助和鼎味：幫助治理國家。鼎味，喻國政。典出《尚書·説命下》：武丁曾對傅説説：“來汝説，台小子舊學于甘盤，既乃遁于荒野，入宅于河。自河徂亳，暨厥終罔顯。爾惟訓于朕志。若作酒醴，爾惟麴糵，若作和羹，爾惟鹽梅。”意思是：你當輔佐我實現夙志。如果我做美酒，你就是曲糵；我要做羹湯，你就是鹽梅。武丁把治國比作羹湯，把用人比成鹽與梅。

［8］毗贊大府：輔佐朝廷。大府本指公府，此指朝廷。

［9］子奇：相傳爲春秋時齊國人。《後漢書》卷六《順帝紀》：“若顔淵、子奇，不拘年齒。”李賢注：“《新序》曰：‘子奇年十八，齊君使之化阿。至阿，鑄其庫兵以爲耕器，出倉廩以賑貧窮，阿縣

大化。'"　甘羅：戰國時楚國下蔡（今安徽省鳳臺縣）人，秦相甘茂孫。十二歲侍奉秦相吕不韋。説服張唐相燕，又説服趙王割五座城池給秦，並讓趙國攻燕，取上谷三十六城，秦得十一。以功拜爲上卿。

[10]兼包：包，原本、宋本作"苞"，殿本作"包"，據殿本改。　顏：顏淵，名回，字子淵，亦稱顏回。孔子弟子，早卒。冉：冉求，亦稱冉有。孔子弟子，善從政。　游：子游，言氏，名偃，字子游。孔子弟子，以文學著稱。　夏：子夏，姓卜，名商，字子夏。孔子弟子，列於孔門文學之科。以上四人，殿本作"游夏顏冉"。

[11]廷尉正：官名，廷尉副貳，高級審判官員，地位相當於列卿丞。可代表廷尉參加詔獄會審，或獨立決斷疑獄，平反冤案，參議案例律條。六品。

[12]安東及衛將軍司馬：安東將軍府司馬、衛將軍府司馬。府署高級幕僚，掌參讚軍務、管理府内武職，位僅次於長史。前者八品，後者六品。衛將軍，官名，魏晋時位在名號將軍之上，多爲軍府名號，加給大臣、重要州郡長官。二品，開府位從公者一品。

帝之討諸葛誕也，秀與尚書僕射陳泰、黄門侍郎鍾會以行臺從，[1]豫參謀略。及誕平，轉尚書，進封魯陽鄉侯，增邑千户。常道鄉公立，[2]以豫議定策，進爵縣侯，增邑七百户，遷尚書僕射。魏咸熙初，釐革憲司。時荀顗定禮儀，[3]賈充正法律，而秀改官制焉。秀議五等之爵，自騎督已上六百餘人皆封。[4]於是封秀濟川侯，地方六十里，邑千四百户，以高苑縣濟川墟爲侯國。[5]

[1]尚書僕射：官名，秦漢爲尚書令副貳，東漢建安四年（199）分置左、右，爲尚書省次官。三品。　陳泰：三國時潁川許

昌（今河南省許昌市東）人，字玄伯，陳群之子。歷任散騎侍郎、護匈奴中郎將、雍州刺史、征西將軍、尚書僕射等職。　鍾會：三國時潁川長社（今河南省長葛市東）人，字士季。鍾繇之子。歷任秘書郎、尚書郎、中書侍郎、黄門侍郎、司隸校尉等職。破蜀後因與姜維謀叛，失敗被殺。　行臺：臺省在外者。將帥出征時隨其所駐之地設立的代表中央的政務機構。

[2]常道鄉公：即曹奐，原名璜。曹魏皇帝，260 年即位，264 年被廢爲陳留王。

[3]荀顗：字景倩，本書卷三九有傳。

[4]騎督：官名，軍中統率騎兵的中級軍官。五品。

[5]高苑縣：治所在今山東省鄒平市長山鎮。

初，文帝未定嗣，而屬意舞陽侯攸。[1]武帝懼不得立，問秀曰："人有相否?"因以奇表示之。秀後言於文帝曰："中撫軍人望既茂，[2]天表如此，固非人臣之相也。"由是世子乃定。

[1]攸：司馬攸，字大猷，本書卷三八有傳。

[2]中撫軍：官名，三國末置，副貳相國事，掌握朝政大權。

武帝既即王位，拜尚書令、右光禄大夫，[1]與御史大夫王沉、衛將軍賈充俱開府，[2]加給事中。[3]及帝受禪，加左光禄大夫，[4]封鉅鹿郡公，邑三千户。

[1]右光禄大夫：官名，齊王曹芳正始元年（240）在光禄大夫上增置左右，位在光禄大夫上。在朝顯職的加官，或授予年老有病致仕者，或授予死者。西晋時禄賜與特進同。二品，開府位從公

者一品。

[2]御史大夫：官名，協助丞相處理天下政務，以監察執法爲主要職掌。東漢稱司空。建安年間曹操罷三公，復置此官。三品。　王沉：西晋晋陽（今山西省太原市西南）人，字處道，本書卷三九有傳。　開府：開設府署，辟置僚屬。魏晋時常以此作爲對高級官員的寵待。

[3]給事中：官名，爲加官，所加爲三公、將軍、中書監令、博士、郎等。常侍從皇帝左右，諫諍糾彈，爲中朝要職。五品。

[4]左光禄大夫：官名，同右光禄大夫。

時安遠護軍郝詡與故人書云：[1]"與尚書令裴秀相知，望其爲益。"有司奏免秀官，詔曰："不能使人之不加諸我，此古人所難。交關人事，[2]詡之罪耳，豈尚書令能防乎！其勿有所問。"司隸校尉李憙復上言，[3]騎都尉劉尚爲尚書令裴秀占官稻田，[4]求禁止秀。詔又以秀幹翼朝政，有勛績於王室，不可以小疵掩大德，使推正尚罪而解秀禁止焉。

[1]安遠護軍：官名，魏晋時常隨征伐目的，置諸雜號，如征蜀護軍、平虜護軍、揚威護軍等，職如將軍，而地位稍遜同號將軍，資歷稍淺之統帥常授此。立將軍府，僚屬隨府主號輕重而定。四品。

[2]交關人事：結交請託，交際應酬。

[3]司隸校尉：官名，三國魏時先治弘農，後治河南，轄司州所屬河南、河東、河内、弘農、平陽五郡。掌監察京師，糾察京都百官。西晋沿置。三品。　李憙：字季和，本書卷四一有傳。

[4]騎都尉：官名，最高位領騎兵之武職，不領兵時爲侍衛武官。因親近皇帝，多以侍中兼任。與駙馬都尉、奉車都尉並爲三都

尉。六品。

久之，詔曰：“夫三司之任，以翼宣皇極，弼成王事者也。故經國論道，賴之明喆，苟非其人，官不虚備。尚書令、左光禄大夫裴秀，雅量弘博，思心通遠，先帝登庸，[1]贊事前朝。朕受明命，光佐大業，勛德茂著，配踪元凱。[2]宜正位居體，以康庶績，其以秀爲司空。”[3]

[1]登庸：登帝位。

[2]元凱：即八元、八愷。八元，上古傳説中的八个才子。《左傳·文公十八年》：“高辛氏有才子八人：伯奮、仲堪、叔獻、季仲、伯虎、仲熊、叔豹、季貍，忠肅共懿，宣慈惠和，天下之民謂之‘八元’。”八愷，《左傳·文公十八年》：“昔高陽氏有才子八人：蒼舒、隤敳、檮戭、大臨、尨降、庭堅、仲容、叔達，齊聖廣淵，明允篤誠，天下之民謂之‘八愷’。”泛指賢臣、才士。

[3]司空：官名，魏晋南北朝爲名譽宰相，多爲大臣加官。晋八公之一，位在三公之末。一品。

秀儒學洽聞，[1]且留心政事，當禪代之際，總納言之要，其所裁當，禮無違者。又以職在地官，以《禹貢》山川地名，從來久遠，多有變易。後世説者或强牽引，漸以暗昧。於是甄擿舊文，[2]疑者則闕，古有名而今無者，皆隨事注列，作《禹貢地域圖》十八篇，奏之，藏於秘府。[3]其序曰：

圖書之設，由來尚矣。自古立象垂制，[4]而賴其用。三代置其官，國史掌厥職。暨漢屠咸陽，[5]

丞相蕭何盡收秦之圖籍。今秘書既無古之地圖，又無蕭何所得，惟有漢氏《輿地》及《括地》諸雜圖。各不設分率，[6]又不考正準望，[7]亦不備載名山大川。雖有粗形，皆不精審，不可依據。或荒外迂誕之言，不合事實，於義無取。

[1]洽聞：廣識博聞。

[2]甄擿：選録。

[3]秘府：宫中收藏圖書之所。

[4]立象垂制：取法万物形象，立下制度。

[5]咸陽：縣名，治所在今陜西省咸陽市東北聶家溝一帶。

[6]分率：地圖上的比例尺。

[7]準望：測繪地圖的方法之一。清劉獻廷《廣陽雜記》卷二："自晋頠作準望，爲地圖之宗，惜其不傳於世。至宋朱思本，縱横界畫，以五十里爲一方，即準望之遺意也。"

大晋龍興，混一六合，以清宇宙，始於庸蜀，冞入其岨。[1]文皇帝乃命有司，撰訪吴蜀地圖。蜀土既定，六軍所經，地域近遠，[2]山川險易，征路迂直，校驗圖記，罔或有差。今上考《禹貢》山海川流，原隰陂澤，古之九州，及今之十六州，郡國縣邑，疆界鄉陬，[3]及古國盟會舊名，水陸徑路，爲地圖十八篇。

[1]冞（mí）入其岨：更入其險。

[2]近遠：殿本乙作"遠近"。

[3]鄉陬：鄉村，聚落。

制圖之體有六焉。一曰分率，所以辨廣輪之度也。[1]二曰準望，所以正彼此之體也。三曰道里，所以定所由之數也。四曰高下，五曰方邪，六曰迂直，此三者各因地而制宜，所以校夷險之異也。有圖象而無分率，則無以審遠近之差；有分率而無準望，雖得之於一隅，必失之於他方；有準望而無道里，則施於山海絶隔之地，不能以相通；有道里而無高下、方邪、迂直之校，則徑路之數必與遠近之實相違，失準望之正矣，故以此六者參而考之。然遠近之實定於分率，彼此之實定於道里，[2]度數之實定於高下、方邪、迂直之算。故雖有峻山鉅海之隔，絶域殊方之迥，[3]登降詭曲之因，皆可得舉而定者。準望之法既正，則曲直遠近無所隱其形也。

[1]廣輪之度：廣袤的程度。

[2]“然遠近之實”至“定於道里”：中華本校勘記：“《斠注》：《類聚》六引‘然’下有‘後’字，‘彼此之實’下有‘定於準望，徑路之實’八字，當據補。按：《初學記》五引同《類聚》。”

[3]絶域殊方之迥：迥，宋本作“迫”。

秀創制朝儀，廣陳刑政，朝廷多遵用之，以爲故事。在位四載，爲當世名公。服寒食散，當飲熱酒而飲冷酒，泰始七年薨，時年四十八。詔曰：“司空經德履哲，體蹈儒雅，佐命翼世，勛業弘茂。方將宣獻敷制，[1]爲世宗範，不幸薨殂，朕甚痛之。其賜秘器、朝服一具、衣一襲、錢三十萬、布百匹。[2]謚曰元。”

[1]宣猷敷制：宣傳、擴散、傳播。

[2]秘器：棺材。

初，秀以尚書三十六曹統事準例不明，[1]宜使諸卿任職，未及奏而薨。其友人料其書記，[2]得表草言平吴之事，其詞曰：“孫皓酷虐，不及聖明御世兼弱攻昧，使遺子孫，將遂不能臣；時有否泰，非萬安之勢也。臣昔雖已屢言，未有成旨。今既疾篤不起，謹重尸啓。願陛下時共施用。”乃封以上聞。詔報曰：“司空薨，痛悼不能去心。又得表草，雖在危困，不忘王室，盡忠憂國。省益傷切，輒當與諸賢共論也。”

[1]尚書三十六曹：西晋時尚書省下屬三十六曹包括殿中、吏部、駕部、金部、虞曹、比部、左主客、右主客、南主客、北主客、祠部、度支、庫部、水部、儀曹、三公、倉部、左民曹、右民曹、二千石、左中兵、右中兵、左外兵、右外兵、都兵、别兵、考功、都官、騎兵、直事、屯田、左士、右士、運曹、起部、車部。

[2]料：清理、整理。

咸寧初，與石苞等並爲王公，配享廟庭。有二子：濬、頠。濬嗣位，至散騎常侍，早卒。濬庶子憬不惠，[1]别封高陽亭侯，以濬少弟頠嗣。

[1]不惠：惠，殿本作“慧”。

頠，字逸民。弘雅有遠識，博學稽古，自少知名。御史中丞周弼見而嘆曰："頠若武庫，五兵縱横，一時之傑也。"賈充即頠從母夫也，表"秀有佐命之勛，不幸嫡長喪亡，遺孤稚弱。頠才德英茂，足以興隆國嗣"。詔頠襲爵，頠固讓，不許。太康三年，[1]徵爲太子中庶子，[2]遷散騎常侍。惠帝即位，轉國子祭酒，[3]兼右軍將軍。[4]

[1]太康三年：三，殿本作"二"。

[2]太子中庶子：官名，太子侍從，掌侍從、奏事、諫議等。五品。

[3]國子祭酒：官名，國子學的長官，主管國子學，掌教授儒學，參議禮制。五品。

[4]右軍將軍：官名，與前軍、後軍、左軍將軍合稱四軍將軍，領營兵千人，掌宿衛。初屬中軍將軍，後屬領軍將軍。四品。

初，頠兄子憬爲白衣，[1]頠論述世勛，賜爵高陽亭侯。楊駿將誅也，[2]駿黨左軍將軍劉豫陳兵在門，遇頠，問太傅所在。頠紿之曰："向於西掖門遇公乘素車，從二人西出矣。"豫曰："吾何之？"頠曰："宜至廷尉。"豫從頠言，遂委而去。尋而詔頠代豫領左軍將軍，[3]屯萬春門。[4]及駿誅，以功當封武昌侯，頠請以封憬，帝竟封頠次子該。頠苦陳憬本承嫡，宜襲鉅鹿，先帝恩旨，辭不獲命。武昌之封，己之所蒙，特請以封憬。該時尚主，故帝不聽。累遷侍中。

[1]白衣：平民衣服，代指平民。

[2]楊駿：字文長，本書卷四〇有傳。

[3]詔頠代豫：豫，宋本作“預”。

[4]萬春門：洛陽紫微宫南面宫門。韋述《西京新記》：“東京俗曰洛陽城，洛陽城紫微宫，城南面六門：正南應天門，應天次北乾元門，門東萬春門，西千秋門。”見《太平御覽》卷一八三《居處部·門》。

時天下暫寧，頠奏修國學，刻石寫經。皇太子既講，釋奠祀孔子，[1]飲饗射侯，[2]甚有儀序。又令荀藩終父勖之志。[3]鑄鐘鑿磬，以備郊廟朝享禮樂。頠通博多聞，兼明醫術。荀勖之修律度也，檢得古尺，短世所用四分有餘。頠上言：“宜改諸度量。若未能悉革，可先改太醫權衡。此若差違，遂失神農、岐伯之正。[4]藥物輕重，分兩乖互，所可傷夭，爲害尤深。古壽考而今短折者，未必不由此也。”卒不能用。樂廣嘗與頠清言，[5]欲以理服之，而頠辭論豐博，廣笑而不言。時人謂頠爲言談之林藪。

[1]釋奠：古代在學校設置酒食以奠祭先聖先師的典禮。

[2]飲饗射侯：宴饗禮和大射禮。

[3]荀藩：字大堅，本書卷三九有傳。　勖：字公曾，本書卷三九有傳。

[4]岐伯：傳説上古黄帝時代的名醫。

[5]樂廣：字彦輔，本書卷四三有傳。

頠以賈后不悦太子，[1]抗表請增崇太子所生謝淑妃位號，仍啓增置後衛率吏，給三千兵，於是東宫宿衛萬人。遷尚書，侍中如故，加光禄大夫。每授一職，[2]未曾不殷勤固讓，[3]表疏十餘上，博引古今成敗以爲言，覽之者莫不寒心。

[1]賈后：惠帝皇后賈南風，本書卷三一有傳。　太子：愍懷太子，即司馬遹，字熙祖，本書卷五三有傳。

[2]授：殿本作“受”。

[3]未曾：曾，殿本作“嘗”。

頠深慮賈后亂政，與司空張華、侍中賈模議廢之而立謝淑妃。[1]華、模皆曰：“帝自無廢黜之意，若吾等專行之，上心不以爲是。且諸王方剛，朋黨異議，恐禍如發機，身死國危，無益社稷。”頠曰：“誠如公慮。但昏虐之人，無所忌憚，亂可立待，將如之何？”華曰：“卿二人猶且見信，然勤爲左右陳禍福之戒，冀無大悖。幸天下尚安，庶可優游卒歲。”此謀遂寢。頠旦夕勸説從母廣城君，[2]令戒喻賈后親待太子而已。或説頠曰：“幸與中宫内外可得盡言。言若不行，則可辭病屏退。[3]若二者不立，雖有十表，難乎免矣。”頠慨然久之，而竟不能行。

[1]張華：字茂先，本書卷三六有傳。　賈模：字思範，本書卷四〇有傳。

[2]廣城君：賈充妻郭槐，賈后之母。

[3]則可辭病屏退：殿本作“則辭病而退”。

遷尚書左僕射，侍中如故。頠雖后之親屬，然雅望素隆，四海不謂之以親戚進也，惟恐其不居位。俄復使頠專任門下事，[1]固讓，不聽。頠上言："賈模適亡，[2]復以臣代，崇外戚之望，彰偏私之舉。后族何常有能自保，皆知重親無脱者也。然漢二十四帝惟孝文、光武、明帝不重外戚，皆保其宗，豈將獨賢，實以安理故也。昔穆叔不拜越禮之饗，[3]臣亦不敢聞殊常之詔。"又表云："咎繇謨虞，[4]伊尹相商，[5]吕望翊周，[6]蕭張佐漢，咸播功化，光格四極。暨于繼體，咎單、傅説，[7]祖己、樊仲，[8]亦隆中興。或明揚仄陋，[9]或起自庶族，豈非尚德之舉，以臻斯美哉！歷觀近世，不能慕遠，溺於近情，多任后親，以致不静。昔疏廣戒太子以舅氏爲官屬，[10]前世以爲知禮。况朝廷何取於外戚，正復才均，[11]尚當先其疏者，以明至公。漢世不用馮野王，[12]即其事也。"表上，皆優詔敦譬。

[1]門下：即門下省。門下意爲黄門之下，官署設於宫禁之中，長官得出入宫禁，爲皇帝的親近侍從。

[2]適：剛剛。

[3]穆叔不拜越禮之饗：穆叔，魯國大夫叔孫豹。事見《左傳·襄公四年》：叔孫豹出使晋國時，晋悼公設宴款待他。席間鐘鼓演奏了《肆夏》樂曲的三章，樂工又歌唱了《文王》等三首，叔孫豹都没有起身拜謝。子員問他爲什麽不拜謝，叔孫豹回答説三章《夏》樂，是天子用來招待諸侯首領的，《文王》是兩國國君相見時演唱的，他不敢欣賞，所以不拜。

[4]咎繇：即皋陶，相傳爲堯舜時人，生於曲阜，偃姓。被命爲管理刑獄的士，佐禹治水有功。

[5]伊尹：輔佐商湯及其後代外丙、仲壬、太甲的賢臣。

[6]吕望：又稱太公望、吕尚，姜姓，吕氏，字子牙。西周開國大臣，助文王興國，佐武王滅商。

[7]咎單：殷商賢臣，商湯時任司空，作《明居》以明居民之法。又作《沃丁》，總結伊尹治國理政經驗。　傅説：商朝武丁時賢臣，曾爲刑徒，服勞役於傅岩，後被舉爲相，輔佐武丁振興王朝。

[8]祖己：殷商賢臣，仲虺後裔，佐助武丁治國。曾因飛雉鳴於鼎耳而對武丁進行勸誡。　樊仲：即仲山甫，周宣王大臣。

[9]仄陋：簡陋。此指居住簡陋的下層人。仄，殿本作“側”。

[10]疏廣：西漢東海蘭陵（今山東省蘭陵縣）人，字仲翁。宣帝時先後任太子少傅、太傅。任職五年，與其侄俱告病辭官還鄉。親屬勸其爲子孫置産業，疏廣認爲這衹能使子孫懶惰，不從。

[11]正復：即使，即便。

[12]馮野王：西漢上黨潞（今山西省黎城縣南）人，字君卿。馮奉世之子。元帝時任隴西太守、左馮翊、大鴻臚，甚見器重。成帝時初任郡守，京兆尹王章舉薦其代大將軍王鳳。後王章犯罪入獄，馮野王告病歸鄉。

時以陳準子匡、韓蔚子嵩並侍東宫，[1]頠諫曰：“東宫之建，以儲皇極。其所與游接，必簡英俊，宜用成德。匡、嵩幼弱，未識人理立身之節。東宫實體夙成之表，而今有童子侍從之聲，未是光闡遐風之弘理也。”[2]愍懷太子之廢也，頠與張華苦争不從，語在《華傳》。

[1]陳準：西晋人，歷任太尉、光禄大夫、中書令、録尚書事等職，封廣陵公。

[2]光闡遐風：發揚光大影響深遠的教化。

頠深患時俗放蕩，不尊儒術，何晏、阮籍素有高名於世，[1]口談浮虛，不遵禮法，尸禄耽寵，仕不事事；至王衍之徒，[2]聲譽大盛，位高勢重，不以物務自嬰，[3]遂相放效，風教陵遲，[4]乃著崇有之論以釋其蔽曰：

夫總混群本，[5]宗極之道也。[6]方以族異，[7]庶類之品也。[8]形象著分，有生之體也。化感錯綜，理迹之原也。[9]夫品而爲族，[10]則所稟者偏，偏無自足，故憑乎外資。[11]是以生而可尋，所謂理也。理之所體，所謂有也。有之所須，所謂資也。資有攸合，所謂宜也。擇乎厥宜，所謂情也。識智既授，雖出處異業，[12]默語殊塗，所以寶生存宜，其情一也。衆理並而無害，故貴賤形焉。[13]失得由乎所接，[14]故吉凶兆焉。是以賢人君子，知欲不可絶，而交物有會。觀乎往復，稽中定務。惟夫用天之道，分地之利，躬其力任，勞而後饗。居以仁順，守以恭儉，率以忠信，行以敬讓，志無盈求，事無過用，乃可濟乎！故大建厥極，綏理群生，[15]訓物垂範，於是乎在，斯則聖人爲政之由也。

[1]何晏：三國魏南陽宛（今河南省南陽市）人，字平叔，玄學家。曹爽親信，官至尚書，典選舉，司馬懿政變後被殺。　阮籍：字嗣宗，本書卷四九有傳。

[2]王衍：字夷甫，本書卷四三有傳。

[3]物務自嬰：事務纏身。

[4]陵遲：敗壞，衰敗。

[5]總混群本：總結出萬物本元。

[6]宗極：根本的，終極的。
[7]方以族異：把萬物歸爲不同的類别。
[8]庶類之品：分出各類事物的品級。
[9]理迹之原：尋踪迹追尋本源。
[10]品而爲族：根據品級而形成族類。
[11]憑乎外資：依靠外力的幫助。
[12]出處：出仕和隱退。
[13]貴賤形焉：貴賤就形成了。
[14]失得由乎所接：得失又由於貴賤的形成。
[15]綏理群生：安撫治理百姓。

若乃淫抗陵肆，[1]則危害萌矣。故欲衍則速患，情佚則怨博，擅恣則興攻，專利則延寇，可謂以厚生而失生者也。悠悠之徒，駭乎若兹之釁，而尋艱争所緣。察夫偏質有弊，而睹簡損之善，遂闡貴無之議，而建賤有之論。賤有則必外形，外形則必遺制，遺制則必忽防，忽防則必忘禮。禮制弗存，則無以爲政矣。衆之從上，猶水之居器也。故兆庶之情，信於所習；習則心服其業，業服則謂之理然。是以君人必慎所教，班其政刑一切之務，分宅百姓，各授四職，能令稟命之者不肅而安，忽然忘異，莫有遷志。况於據在三之尊，[2]懷所隆之情，敦以爲訓者哉！斯乃昏明所階，不可不審。

[1]淫抗陵肆：放縱頂抗，自高自大肆意妄爲。
[2]在三之尊：君、親、師三種位尊之人。此指君位。

夫盈欲可損而未可絶有也，過用可節而未可謂無貴也。蓋有講言之具者，深列有形之故，[1]盛稱空無之美。形器之故有徵，空無之義難檢，辯巧之文可悦，似象之言足惑，衆聽眩焉，溺其成説。雖頗有異此心者，辭不獲濟，[2]屈於所狎，[3]因謂虚無之理，誠不可蓋。唱而有和，多往弗反，遂薄綜世之務，賤功烈之用，高浮游之業，埤經實之賢。[4]人情所殉，篤夫名利。於是文者衍其辭，訥者讚其旨，染其衆也。是以立言藉於虚無，謂之玄妙；處官不親所司，謂之雅遠；奉身散其廉操，謂之曠達。故砥礪之風，[5]彌以陵遲。放者因斯，或悖吉凶之禮，而忽容止之表，瀆棄長幼之序，混漫貴賤之級。其甚者至於裸裎，[6]言笑忘宜，以不惜爲弘，士行又虧矣。

[1]深列有形之故：中華本校勘記："《通鑑》八二引'故'作'累'，此處作'累'義長，蓋因下文'形器之故'而誤。"

[2]辭不獲濟：説法得不到認可。

[3]屈於所狎：屈從於所面臨的多數人説法。

[4]埤經實之賢：貶低務實的賢才。埤，殿本作"卑"。本卷下文"皆義之埤者"同。

[5]砥礪之風：自我修煉之風。

[6]裸裎：赤身裸體。

老子既著五千之文，表摭穢雜之弊，[1]甄舉静一之義，[2]有以令人釋然自夷，[3]合於《易》之

《損》《謙》《艮》《節》之旨。[4]而静一守本，無虚無之謂也；《損》《艮》之屬，蓋君子之一道，非《易》之所以爲體守本無也。[5]觀老子之書雖博有所經，而云“有生於無”，以虚爲主，偏立一家之辭，豈有以而然哉！人之既生，以保生爲全，全之所階，以順感爲務。[6]若味近以虧業，則沉溺之釁興；懷末以忘本，則天理之真滅。[7]故動之所交，存亡之會也。夫有非有，[8]於無非無；於無非無，於有非有。是以申縱播之累，[9]而著貴無之文。將以絶所非之盈謬，[10]存大善之中節，收流遁於既過，[11]反澄正于胸懷。宜其以無爲辭，而旨在全有，故其辭曰“以爲文不足”。若斯，則是所寄之塗，一方之言也。若謂至理信以無爲宗，[12]則偏而害當矣。先賢達識，以非所滯，示之深論。惟班固著難，[13]未足折其情。孫卿、楊雄大體抑之，[14]猶偏有所許。而虚無之言，日以廣衍，衆家扇起，各列其説。[15]上及造化，下被萬事，莫不貴無，所存僉同。情以衆固，乃號凡有之理皆義之埤者，薄而鄙焉。辯論人倫及經明之業，遂易門肆。頠用矍然，[16]申其所懷，[17]而攻者盈集。或以爲一時口言。有客幸過，咸見命著文，擿列虚無不允之徵。[18]若未能每事釋正，則無家之義弗可奪也。頠退而思之，雖君子宅情，無求於顯，及其立言，在乎達旨而已。然去聖久遠，異同紛糾，苟少有仿佛，可以崇濟先典，扶明大業，有益於時，則惟患言之不能，焉得静默，及未舉一隅，略示所存而已哉！

[1]表摭穢雜之弊：表述了雜亂的弊端。

[2]甄舉静一之義：闡明了無聲之道的本義。

[3]釋然自夷：消除疑慮，自我平和。

[4]《損》：六十四卦之一，兑下艮上。《易·損》："《象》曰：'山下有澤，損。'"王弼注："山下有澤，損之象也。"孔穎達疏："澤在山下，澤卑山高，似澤之自損以崇山之象也。"　《謙》：六十四卦之一，艮下坤上。《易·謙》："《象》曰：地中有山，謙，君子以裒多益寡，稱物平施。"　《艮》：六十四卦之一，上下皆艮。《易·説卦》："艮爲山。"《左傳·昭公五年》："艮，山也。"　《節》：六十四卦之一，兑下坎上。《易·節》："《象》曰：澤上有水，節。"孔穎達疏："水在澤中，乃得其節。"

[5]非《易》之所以爲體守本無也：中華本校勘記："李校：'守本無'三字涉上文衍。"

[6]以順感爲務：以順應情感爲必須。

[7]滅：殿本作"減"。

[8]夫有非有：中華本校勘記："'夫'下疑脱'於'字。"

[9]申縱播之累：申明放縱欲望的弊端。

[10]盈謬：荒謬。

[11]收流遁於既過：收斂過分的耽樂放縱。

[12]若謂至理信以無爲宗：意思是如果説"無"是最高的理。宗，原本、宋本作"宼"，殿本作"宗"，據殿本、中華本校勘記改。

[13]班固：東漢扶風安陵（今陝西省咸陽市東北）人，字孟堅，班彪子。任蘭臺令史，奉命撰寫東漢以來的史事，寫成《漢書》。和帝時隨竇憲出擊匈奴。後竇憲失勢，受牽連而被捕入獄，死於獄中。

［14］孫卿：戰國末趙國人，名況，字卿，漢人避宣帝諱，稱之孫卿。游學於齊、楚、秦等國。其思想近於法家，是中國古代著名思想家之一。　楊雄：即揚雄，西漢蜀郡成都（今四川省成都市）人，字子雲。成帝時任侍郎、給事黄門。古代文學家，善辭賦。

［15］各列其説：列，原本、宋本作“到”，殿本作“列”，據殿本、中華本校勘記改。

［16］頠用矍然：我裴頠因此感到吃驚。

［17］申其所懷：申，殿本作“身”。

［18］擿列：列舉。

夫至無者無以能生，[1]故始生者自生也。[2]自生而必體有，則有遺而生虧矣。生以有爲已分，則虚無是有之所謂遺者也。[3]故養既化之有，非無用之所能全也；[4]理既有之衆，非無爲之所能循也。[5]心非事也，而制事必由於心，然不可以制事以非事，謂心爲無也。[6]匠非器也，而制器必須於匠，然不可以制器以非器，謂匠非有也。是以欲收重泉之鱗，[7]非偃息之所能獲也；隕高墉之禽，[8]非静拱之所能捷也；審投弦餌之用，非無知之所能覽也。由此而觀，濟有者皆有也，虚無奚益於已有之群生哉！

王衍之徒攻難交至，並莫能屈。又著《辯才論》，古今精義皆辨釋焉，未成而遇禍。

［1］至無者無以能生：絶對的無不能生出東西。

［2］始生者自生：最初生出的東西是它自己。意爲“有”是第一存在的。

［3］生以有爲已分，則虚無是有之所謂遺者也：中華本校勘記："《通鑑》八二引作'夫萬物之有者，雖生於無，然生以有爲已分，則無是有之所遺者也'。"

［4］非無用之所能全：不是無用之論所能概括的。

［5］非無爲之所能循：不是無爲之理所能達到的。

［6］謂心爲無也：宋本無"無"字。

［7］是以欲收重泉之鱗：中華本校勘記："'泉'應作'淵'，蓋唐臣修史時避李淵諱改爲'泉'。"

［8］高墉：高墻。

初，趙王倫諂事賈后，[1]頠甚惡之。倫數求官，頠與張華復固執不許，由是深爲倫所怨。倫又潛懷篡逆，欲先除朝望，因廢賈后之際遂誅之，時年三十四。二子嵩、該，倫亦欲害之。梁王肜、東海王越稱頠父秀有勛王室，[2]配食太廟，不宜滅其後嗣，故得不死，徙帶方。惠帝反正，追復頠本官，改葬以卿禮，謚曰成。以嵩嗣爵，爲中書、黄門侍郎。[3]該出後從伯蹤，爲散騎常侍。並爲乞活賊陳午所害。[4]

［1］趙王倫：司馬倫，字子彝，本書卷五九有傳。

［2］梁王肜：司馬肜，字子徽，本書卷三八有傳。　東海王越：司馬越，字元超，本書卷五九有傳。

［3］中書、黄門侍郎：中書侍郎和黄門侍郎。中華本標點爲"中書黄門侍郎"，應頓開。

［4］乞活：西晋末，北方流民爲避戰亂，集體流徙求食，稱乞活。

楷，字叔則。父徽，魏冀州刺史。[1]楷明悟有識量，弱冠知名，[2]尤精《老》《易》，少與王戎齊名。[3]鍾會薦之於文帝，辟相國掾，遷尚書郎。賈充改定律令，以楷爲定科郎。[4]事畢，詔楷於御前執讀，平議當否。楷善宣吐，左右屬目，聽者忘倦。武帝爲撫軍，[5]妙選僚采，以楷爲參軍事。[6]吏部郎缺，[7]文帝問其人於鍾會。會曰："裴楷清通，王戎簡要，皆其選也。"於是以楷爲吏部郎。

[1]冀州：三國魏時治所在信都縣（今河北省衡水市冀州區），西晋時移治房子縣（今河北省高邑縣西南）。

[2]弱冠：指男子二十歲時。《禮記·曲禮上》："二十曰弱，冠。"年少爲弱，待至二十，即爲成年，舉行冠禮。

[3]王戎：字濬冲，本書卷四三有傳。

[4]定科郎：官名，亦稱定課郎，曹魏尚書省定科曹長官，掌制定律令。六品。

[5]撫軍：官名，即撫軍將軍。三國蜀漢、孫吴皆置，爲加官，以示權重。晋沿置，與中軍將軍、鎮軍將軍並爲三名號將軍。三品。

[6]參軍事：官名，亦作參軍，謂參謀軍事。兩晋公府、軍府皆置。此爲撫軍將軍府參軍。

[7]吏部郎：官名，尚書省吏部曹長官通稱。亦稱郎中，資深者可轉侍郎。屬吏部尚書，主管官吏選任、銓叙、調動事務，對五品以下官吏之任免有建議權。六品。

楷風神高邁，容儀俊爽，博涉群書，特精理義，時人謂之"玉人"，又稱"見裴叔則如近玉山，映照人也”。[1]轉中書郎，[2]出入宫省，見者肅然改容。武帝初登阼，探策以卜世數多少，既而得一，帝不悦。群臣失色，莫有言者。楷正容儀，和其聲氣，從容而進曰：“臣聞天得一以清，地得一以寧，王侯得一以爲天下貞。”武帝大悦，群臣皆稱萬歲。俄拜散騎侍郎，累遷散騎常侍、河内太守，入爲屯騎校尉、右軍將軍，[3]轉侍中。

[1]映照：殿本作“照暎”。

[2]中書郎：官名，隸屬中書令。掌草擬詔書、外出執行重要使命等。亦作爲中書通事郎、中書侍郎的省稱。五品。

[3]屯騎校尉：官名，北軍五校尉之一，隸屬中領軍，掌本營騎士，戍衛京師。四品。

石崇以功臣子有才氣，[1]與楷志趣各異，不與之交。長水校尉孫季舒嘗與崇酣讌，[2]慢傲過度，崇欲表免之。楷聞之，謂崇曰：“足下飲人狂藥，責人正禮，不亦乖乎！”崇乃止。

[1]石崇：字季倫，本書卷三三有傳。

[2]長水校尉：官名，北軍五校尉之一，統宿衛兵，魏晋時隸屬中領軍。四品。　孫季舒：中華本校勘記：“‘孫’字衍文，季舒爲裴楷弟裴綽，見下傳。餘詳《斠注》。”

楷性寬厚，與物無忤。不持儉素，每游榮貴，輒取其珍玩。雖車馬器服，宿昔之間，便以施諸窮乏。嘗營别宅，其從兄衍見而悦之，即以宅與衍。梁、趙二王，國之近屬，貴重當時，楷歲請二國租錢百萬，以散親族。人或譏之，楷曰："損有餘以補不足，天之道也。"[1]安於毁譽，其行己任率，皆此類也。

[1]"損有餘以補不足"句：語出《道德經》："天之道，損有餘而補不足。"

與山濤、和嶠並以盛德居位，[1]帝嘗問曰："朕應天順時，海内更始，天下風聲，何得何失？"楷對曰："陛下受命，四海承風，所以未比德於堯舜者，但以賈充之徒尚在朝耳。方宜引天下賢人，與弘政道，不宜示人以私。"時任愷、庾純亦以充爲言，[2]帝乃出充爲關中都督。[3]充納女於太子，乃止。平吴之後，帝方修太平之化，每延公卿，與論政道。楷陳三五之風，[4]次叙漢魏盛衰之迹。[5]帝稱善，坐者皆嘆服焉。

[1]山濤：字巨源，本書卷四三有傳。　和嶠：字長輿，本書卷四五有傳。

[2]任愷：字元褒，本書卷四五有傳。　庾純：字謀甫，本書卷五〇有傳。

[3]關中都督：都督關中諸軍事，關中地區最高軍政長官。

[4]三五之風：三皇五帝之風。

[5]次叙：叙，殿本作"序"。

楷子瓚娶楊駿女，然楷素輕駿，與之不平。駿既執政，乃轉爲衛尉，[1]遷太子少師，[2]優游無事，默如也。及駿誅，楷以婚親收付廷尉，將如法。[3]是日事起倉卒，誅戮縱横，衆人爲之震恐。楷容色不變，舉動自若，索紙筆與親故書。賴侍中傅祗救護得免，[4]猶坐去官。太保衛瓘、太宰亮稱楷貞正不阿附，[5]宜蒙爵土，乃封臨海侯，食邑二千户。代楚王瑋爲北軍中候，[6]加散騎常侍。瑋怨瓘、亮斥己任楷，楷聞之，不敢拜，轉爲尚書。

[1]衛尉：官名，掌宫廷禁衛，兼管武庫、冶鑄，領江北冶令三十九員、南北東西諸督冶掾。三品。

[2]太子少師：官名，東宫三師之首。與太子太師、太子太傅、太子太保、太子少傅、太子少保並號六傅。掌輔導太子。三品。

[3]將如法：如，殿本作“加”。

[4]傅祗：字子莊，本書卷四七有傳。

[5]太保：官名，史上屢次廢置，三國魏末年復置。晋爲八公之一，位上公，在太宰、太傅之下。安置元老重臣，無職掌。一品。　衛瓘：字伯玉，本書卷三六有傳。　太宰：官名，即太師，因避司馬師名諱而改名太宰。八公之一，居上公之首，爲宰相之任。一品。　亮：司馬亮，字子翼，本書卷五九有傳。

[6]北軍中候：官名，掌監屯騎校尉、越騎校尉、步兵校尉、長水校尉、射聲校尉所領北軍五營。魏晋時增設兵力，由地位更高的中領軍統轄，北軍五營作用漸輕，北軍中候省置無常，常與中領軍並置。五品。

楷長子輿先娶亮女，女適衛瓘子，楷慮内難未已，求出外鎮，除安南將軍、假節、都督荆州諸軍事，[1]垂當發而瑋果矯詔誅亮、瓘。瑋以楷前奪己中候，[2]又與亮、瓘婚親，密遣討楷。楷素知瑋有望於己，[3]聞有變，單車入城，匿于妻父王渾家，[4]與亮小子一夜八徙，故得免難。瑋既伏誅，以楷爲中書令，[5]加侍中，與張華、王戎並管機要。

[1]安南將軍：官名，東漢建安年間置，與安東、安北、安西將軍合稱四安將軍，爲出鎮某一地區的軍事長官，或作爲刺史等兼理軍務的加官，權任頗重。三品，加持節都督者二品。　假節：假以節杖。指大臣臨時持節出巡，爲權臣掌軍、秉政的地位象徵和政治待遇。　都督荆州諸軍事：荆州地區最高軍事行政長官。

[2]瑋以楷：殿本無“楷”字。

[3]望：怨恨。

[4]王渾：字玄冲，本書卷四二有傳。

[5]中書令：官名，掌收納尚書奏事、傳達皇帝詔旨。三國魏文帝初年分秘書置中書省，設中書監和中書令，職權甚重。三品。

楷有渴利疾，[1]不樂處勢。王渾爲楷請曰：“楷受先帝拔擢之恩，復蒙陛下寵遇，誠竭節之秋也。然楷性不競於物，昔爲常侍，求出爲河内太守；後爲侍中，復求出爲河南尹；[2]與楊駿不平，求爲衛尉；及轉東宫，班在時類之下，安於淡退，有識有以見其心也。楷今委頓，[3]臣深憂之。光禄勛缺，[4]以爲可用。今張華在中書，王戎在尚書，足舉其契，無爲復令楷入。名臣不多，當見將養，不違其志，[5]要其遠濟之益。”不聽，就加光禄大夫、開府儀同三司。[6]及疾篤，詔遣黄門郎王衍省疾，楷回眸矚之曰：“竟未相識。”衍深嘆其神俊。

[1]渴利疾：口渴病，又稱消渴疾。《太平御覽》卷七四三

《疾病部·消渴》引《後漢書·李通列傳》：李通“素有消渴疾，自爲宰相，謝病不視事”。消，消中之疾也，《周禮·天官》云：“春有痟首疾。”

[2]河南尹：官名，京都洛陽所在河南郡長官，主管京都事務。三品。

[3]委頓：病困。

[4]光禄勛：官名，侍從皇帝左右，掌宮廷宿衛，西晋時兼掌原屬少府的一部分宮廷供御事務。三品。

[5]不違其志：不，殿本作“勿”。

[6]開府儀同三司：官名，三國魏始置。爲大臣加號，意謂與太尉、司徒、司空三司待遇相同，許開設府署，任命僚屬。

楷有知人之鑒，初在河南，樂廣僑居郡界，未知名，楷見而奇之，致之於宰府。嘗目夏侯玄云“肅肅如入宗廟中，但見禮樂器”，鍾會“如觀武庫森森，但見矛戟在前”，傅嘏“汪翔靡所不見”，[1]山濤“若登山臨下，幽然深遠”。

[1]傅嘏：三國時北地泥陽（今甘肅省寧縣東南）人，字蘭石。歷任曹魏尚書郎、黄門侍郎、河南尹、尚書等職。從征毌丘儉有功，進封陽鄉侯。

初，楷家炊黍在甑，[1]或變如拳，[2]或作血，或作蕪菁子。[3]其年而卒，時年五十五，謚曰元。有五子：[4]輿、瓚、憲、禮、遜。

[1]甑：古代炊具。其底有孔，用以蒸食物。古用陶製，殷周

時代有以青銅製，後多用木製。俗叫甑子。

［2］如拳：如，殿本作“爲”。

［3］蕪菁子：植物名，俗稱大頭菜。

［4］有五子：五子，殿本乙作“子五”。

輿，字祖明。少襲父爵，官至散騎侍郎，卒謚曰簡。

瓚，字國寶，中書郎，風神高邁，見者皆敬之。特爲王綏所重，[1]每從其游。綏父戎謂之曰：“國寶初不來，汝數往，何也？”對曰：“國寶雖不知綏，綏自知國寶。”楊駿之誅，爲亂兵所害。

［1］王綏：王戎之子。《世説新語·賞譽》劉孝標注引《晋諸公贊》曰：“王綏字萬子，辟太尉掾，不就。年十九卒。”引《晋書》曰：“戎子萬，有美號而太肥，戎令食糠，而肥愈甚也。”

憲，字景思。少而穎悟，好交輕俠。及弱冠，更折節嚴重，[1]修尚儒學，足不逾閾者數年。[2]陳郡謝鯤、潁川庾敳皆俊朗士也，[3]見而奇之，相謂曰：“裴憲鯁亮宏達，[4]通機識命，不知其何如父；至於深弘保素，不以世物嬰心者，其殆過之。”

［1］折節嚴重：改變平素行爲，嚴肅穩重。

［2］閾：門檻，門户。

［3］陳郡：治所在陳縣（今河南省周口市淮陽區）。　謝鯤：字幼輿，本書卷四九有傳。　潁川：郡名，治所在許昌縣（今河南省許昌市東）。潁，原本、宋本作“穎”，殿本作“潁”，據殿本

改。　庾敳：字子嵩，本書卷五〇有傳。

[4]鯁亮宏達：耿直誠實，寬宏暢達。

初，侍講東宮，歷黄門、吏部郎，[1]侍中。東海王越以爲豫州刺史、北中郎將、假節。[2]王浚承制，[3]以憲爲尚書。永嘉末，王浚爲石勒所破，[4]棗嵩等莫不謝罪軍門，[5]貢賂交錯，惟憲及荀綽恬然私室。勒素聞其名，召而謂之曰："王浚虐暴幽州，人鬼同疾。孤恭行乾憲，[6]拯兹黎元，羈舊咸歡，[7]慶謝交路。二君齊惡傲威，誠信岨絶，[8]防風之戮，[9]將誰歸乎？"憲神色侃然，泣而對曰："臣等世荷晋榮，恩遇隆重。王浚凶粗醜正，尚晋之遺藩。雖欣聖化，義岨誠心。且武王伐紂，表商容之閭，[10]未聞商容在倒戈之例也。明公既不欲以道化厲物，必於刑忍爲治者，[11]防風之戮，臣之分也。請就辟有司。"不拜而出。勒深嘉之，待以賓禮。勒乃簿王浚官寮親屬，皆貲至巨萬，惟憲與荀綽家有書百餘裹，鹽米各十數斛而已。勒聞之，謂其長史張賓曰：[12]"名不虚也。吾不喜得幽州，喜獲二子。"署從事中郎，[13]出爲長樂太守。[14]及勒僭號，未遑制度，憲與王波爲之撰朝儀，[15]於是憲章文物，擬於王者。勒大悦，署太中大夫，[16]遷司徒。

[1]黄門：官名，此爲黄門郎、黄門侍郎或給事黄門侍郎的省稱。五品。中華本將"黄門"與後"吏部郎"連在一起，應頓開。

[2]豫州：曹魏時治所在安城縣（今河南省正陽縣東北），西晋時移治陳縣（今河南省周口市淮陽區）。　北中郎將：官名，與

東、西、南中郎將並稱四中郎將，統兵征戰，權職甚重。四品。

［3］王浚：字彭祖，本書卷三九有傳。　承制：秉承皇帝旨意便宜行事。

［4］石勒：字世龍，本書卷一〇四有載記。

［5］棗嵩：字臺産，本書卷九二有傳。

［6］恭行乾憲：恭敬地執行天罰。

［7］羈舊：新人舊部。

［8］岨絶：阻絶。

［9］防風之戮：禹誅殺防風之事。《史記》卷四七《孔子世家》："仲尼曰：'禹致群神於會稽山，防風氏後至，禹殺而戮之，其節專車，此爲大矣。'"

［10］表商容之閭：商容，殷紂王時的賢者，受百姓愛戴，却被紂王廢黜。周武王滅商後，在商容的居住地爲其立碑表彰。事見《史記》卷三《殷本紀》。

［11］必於刑忍爲治者：治，原本、宋本作"始"，殿本作"治"，據殿本、中華本校勘記改。

［12］張賓：字孟孫，本書卷一〇五有載記。

［13］從事中郎：官名，東漢時爲大將軍屬官，地位較高。三國時爲將軍府或公府屬官。六品。此爲石勒從事中郎。

［14］長樂：西晉縣名，後趙石勒改爲郡，治所在今河南省安陽市東。

［15］憲與王波爲之撰朝儀：殿本無"憲"字。

［16］太中大夫：官名，侍從皇帝左右，掌顧問應對、參謀議政、奉詔出使。多由寵臣貴戚出任。七品。

及季龍之世，[1]彌加禮重。憲有二子：挹、毅，並以文才知名。毅仕季龍爲太子中庶子、散騎常侍。挹、毅俱豪俠耽酒，好臧否人物。[2]與河間邢魚有隙，[3]魚竊乘穀馬奔段遼，[4]爲人所獲，魚誣穀使已以季龍當襲鮮卑，告之爲備。時季龍適謀伐遼，而與魚辭正會。季龍悉誅挹、穀，憲亦坐免。未幾，復以爲右光禄大夫、司徒、太傅，[5]封安定郡公。

[1]季龍：即石虎，字季龍，本書卷一〇六有載記。

[2]臧否：品評，褒貶。

[3]河間：郡國名，治所在樂成縣（今河北省獻縣東南）。

[4]段遼：或作段護遼，十六國時東部鮮卑人，段末波從弟。繼段末波弟段牙後爲大單于、幽州刺史。被石虎打敗，歸附慕容皝，後因謀反事泄被殺。

[5]太傅：官名，晋爲八公之一。位上公，太宰之下、太保之上。一品。

憲歷官無幹績之稱，然在朝玄默，未嘗以物務經懷。但以德重名高，動見尊禮。竟卒於石氏，以族人峙子邁爲嗣。

楷長兄黎，次兄康，並知名。康子盾，少歷顯位。永嘉中，爲徐州刺史，[1]委任長史司馬奧。奧勸盾刑殺立威，大發良人爲兵，有不奉法者罪便至死。在任三年，百姓嗟怨。東海王越，盾妹夫也。越既薨，騎督滿衡便引所發良人東還。尋而劉元海遣將王桑、趙固向彭城，[2]前鋒數騎至下邳，[3]文武不堪苛政，悉皆散走。盾、奧奔淮陰，妻子爲賊人所得。奧又誘盾降趙固。固妻盾女，有寵，盾向女涕泣，固遂殺之。

[1]徐州：治所在彭城縣（今江蘇省徐州市）。

[2]劉元海：劉淵，字元海，本書卷一〇一有載記。

[3]下邳：縣名，治所在今江蘇省睢寧縣古邳鎮東。

盾弟邵，字道期。元帝爲安東將軍，以邵爲長史，[1]王導爲司馬，[2]二人相與爲深交。徵爲太子中庶子，復轉散騎常侍，使持節、都督揚州江西淮北諸軍事、東中郎將，[3]隨越出項，[4]而卒於軍中。及王導爲司空，既拜，嘆曰："裴道期、劉王喬在，[5]吾不得獨登此位。"導子仲豫與康同字，導思舊好，乃改爲敬豫焉。

[1]長史：官名，掌顧問參謀，爲所在官署掾屬之長。魏晋南北朝時王府、公府、軍府、邊郡均置。此爲安東將軍府長史。八品。

[2]王導：字茂弘，本書卷六五有傳。

[3]都督揚州江西淮北諸軍事：揚州轄下江西、淮北地區的最高軍事行政長官。　東中郎將：官名，東、西、南、北四中郎將之一，統兵征伐，多有固定的轄區和治所。四品。

[4]項：縣名，治所在今河南省沈丘縣。宋本作"頊"。

[5]劉王喬：劉疇，字王喬，本書卷六九有傳。

楷弟綽，字季舒，器宇宏曠，官至黄門侍郎、長水校尉。綽子遐，善言玄理，音辭清暢，泠然若琴瑟。嘗與河南郭象談論，[1]一坐嗟服。又嘗在平東將軍周馥坐，[2]與人圍棋。馥司馬行酒，遐未即飲，司馬醉怒，因曳遐墮地。遐徐起還坐，顔色不變，復棋如故。其性虚和如此。東海王越引爲主簿，[3]後爲越子毗所害。

[1]河南：郡名，治所在洛陽縣（今河南省洛陽市東北）。郭象：字子玄，本書卷五〇有傳。

[2]平東將軍：官名，與平北、平南、平西將軍合稱四平將軍，權任很重，多持節都督或監某一地區的軍事，有時亦作爲刺史等地方官員兼理軍務的加官。三品，加持節都督者二品。　周馥：字祖宣，本書卷六一有傳。

[3]主簿：官名，諸開府屬官，典領文書籍簿，省録衆事，職權甚重。

初，裴、王二族盛於魏晋之世，時人以爲八裴方八王：徽比王祥，楷比王衍，康比王綏，綽比王澄，[1]瓚比王敦，[2]遐比王導，頠比王戎，邈比王玄云。[3]

[1]王澄：字平子，本書卷四三有傳。

[2]王敦：字處仲，本書卷九八有傳。

[3]王玄：字眉子，本書卷四三有傳。

史臣曰：周稱多士，[1]漢曰得人，[2]取類星象，頡頏符契。[3]時乏名流，多以幹翮相許，[4]自家光國，豈陳騫之謂歟！秀則聲蓋朋僚，稱爲領袖。楷則機神幼發，目以清通。俱爲晋代名臣，良有以也。

[1]周稱多士：典出《詩·大雅·文王》："濟濟多士，文王以寧。"

[2]漢曰得人：典出《漢書》卷五八《公孫弘傳贊》："漢之得人，於兹爲盛。"

[3]頡頏符契：上下相合，如符如契。

［4］幹翮：骨幹，中堅。

贊曰：世既順才，才膺世至。[1]高平沉敏，[2]藴兹名器。鉅鹿自然，[3]亦云經笥。[4]媧皇鍊石，[5]晋圖開秘。頠有清規，承家來媚。

［1］才膺世至：膺，殿本作“應”。

［2］高平：指陳騫，因其封高平公，故稱。

［3］鉅鹿：指裴秀，因其封鉅鹿公，故稱。

［4］經笥：比喻博學。典出《後漢書》卷八〇《文苑上·邊韶傳》：邊韶曾閉目養神，弟子嘲之曰：“邊孝先，腹便便。嬾讀書，但欲眠。”邊韶應時對曰：“邊爲姓，孝爲字。腹便便，《五經》笥。但欲眠，思經事。寐與周公通夢，静與孔子同意。師而可謿，出何典記？”

［5］媧皇：即女媧。傳説她用黄土造人，煉五色石補天，斷鰲足支撑四極，平治洪水，驅殺猛獸，使人民得以安居。

晉書　卷三六

列傳第六

衛瓘 子恒 孫璪 玠 恒族弟展[1]　張華 子禕 韙 劉卞

衛瓘

衛瓘，字伯玉，河東安邑人也。[2]高祖暠，漢明帝時，以儒學自代郡徵，[3]至河東安邑卒，因賜所亡地而葬之，子孫遂家焉。父覬，[4]魏尚書。[5]瓘年十歲喪父，至孝過人。性貞静有名理，[6]以明識清允稱。[7]襲父爵閿鄉侯。弱冠爲魏尚書郎。[8]時魏法嚴苛，母陳氏憂之，瓘自請得徙爲通事郎，[9]轉中書郎。[10]時權臣專政，瓘優游其間，無所親疏，甚爲傅嘏所重，[11]謂之寧武子。[12]在位十年，以任職稱，累遷散騎常侍。[13]陳留王即位，[14]拜侍中，[15]持節慰勞河北。[16]以定議功，增邑户。數歲轉廷尉卿。[17]瓘明法理，每至聽訟，小大以情。

[1]原本、宋本、殿本卷首目録無“恒族弟展”，據中華本目

録及正文補。

［2］河東：郡名，治所在安邑縣（今山西省夏縣西北禹王城）。

［3］代郡：治所在代縣（今河北省蔚縣東北）。

［4］覬：衛覬，三國時河東安邑（今山西省夏縣西北禹王城）人，字伯儒，以才學著稱。歷任曹魏尚書、侍中。好古文，善鳥篆、隸草。

［5］尚書：官名，東漢尚書臺六曹各置尚書，魏晋出爲朝官，分掌尚書省諸曹，品秩提高。三品。

［6］貞静：正直沉穩。　名理：名與理的關係。

［7］明識清允：有見識，心清正，處事允當。

［8］弱冠：指男子二十歲時。《禮記·曲禮上》："二十曰弱，冠。"年少爲弱，待至二十，即爲成年，舉行冠禮。　尚書郎：官名。東漢之制，取孝廉中之有才能者入尚書臺，在皇帝左右處理政務，初入臺稱守尚書郎中，滿一年稱尚書郎，滿三年稱侍郎。魏晋以後尚書各曹有侍郎、郎中等官，綜理政務，通稱爲尚書郎。六品。

［9］通事郎：官名，即中書通事郎。中書省屬官，掌呈奏。黄門郎簽署檔後由通事郎書名，呈皇帝省讀、批准。亦省稱中書郎，西晋改爲中書侍郎，東晋初曾改回此稱，不久仍改爲中書侍郎。五品。

［10］中書郎：官名，隸屬中書令。掌草擬詔書、外出執行重要使命等。亦作爲中書通事郎、中書侍郎的省稱。五品。

［11］傅嘏：三國時北地泥陽（今甘肅省寧縣東南）人，字蘭石。歷任曹魏尚書郎、黄門侍郎、河南尹、尚書等職。從征毌丘儉有功，進封陽鄉侯。嘏，宋本作"假"。

［12］寧武子：春秋時人。《論語·公冶長》："子曰：'寧武子，邦有道則知；邦無道則愚。其知可及也，其愚不可及也。'"何晏引馬融注説，寧武子，衛大夫，名寧俞。武，是其謚號。

［13］散騎常侍：官名，三國魏文帝黄初年間置，侍從皇帝左

右，諫諍得失，顧問應對，與侍中等共平尚書奏事。也用作宰相、諸公等加官，入宫議政。三品。

[14]陳留王：即常道鄉公曹奂，字景明，燕王曹宇之子。封安次縣常道鄉公，後被司馬昭迎立爲帝。公元260至265年在位。後被廢爲陳留王。

[15]侍中：官名，東漢建安中與給事黄門侍郎出入禁中，省尚書事。曹魏時爲門下之侍中省長官，常侍衛皇帝左右，掌顧問應對、諫諍糾察、平議奏事、駁奏異議等，權力甚重。三品。

[16]持節：官員外出持有皇帝授予的節杖，代表高等權威，常用於軍事長官出征。

[17]廷尉卿：官名，對廷尉的尊稱。中央最高司法審判機構長官，負責會審朝中有罪文武大臣、覆核審决郡國疑獄等。三品。

鄧艾、鍾會之伐蜀也，[1]瓘以本官持節監艾、會軍事，[2]行鎮西軍司，[3]給兵千人。蜀既平，艾輒承制封拜。[4]會陰懷異志，因艾專擅，密與瓘俱奏其狀。詔使檻車徵之，會遣瓘先收艾。會以瓘兵少，欲令艾殺瓘，因加艾罪。瓘知欲危己，然不可得而距，乃夜至成都，檄艾所統諸將，稱詔收艾，其餘一無所問。若來赴官軍，爵賞如先；敢有不出，誅及三族。比至鷄鳴，悉來赴瓘，唯艾帳内在焉。平旦開門，瓘乘使者車，徑入至成都殿前。艾卧未起，父子俱被執。艾諸將圖欲劫艾，整仗趣瓘營。瓘輕出迎之，僞作表草，[5]將申明艾事，諸將信之而止。

[1]鄧艾：三國時義陽棘陽（今河南省南陽市南）人，字士載。歷任典農綱紀、尚書郎、討寇將軍、汝南太守、兖州刺史等

職。平蜀漢有功，官至太尉。後爲鍾會所誣，以檻車徵回京師，中途爲衛瓘所殺。　鍾會：三國時潁川長社（今河南省長葛市東）人，字士季。鍾繇之子。歷任秘書郎、尚書郎、中書侍郎、黄門侍郎、司隸校尉等職。破蜀後因與姜維謀叛，失敗被殺。

[2]艾、會：殿本乙作“會、艾”。

[3]行：兼攝官職。　鎮西軍司：官名，鎮西將軍府的主要屬僚。軍司，官名，即軍師，因避司馬師諱，故改。爲諸軍府主要僚屬，佐主帥統軍隊，負有匡正監察主帥之責，地位很高，常繼任主帥。

[4]輒承制封拜：擅自稱秉承皇帝旨意對蜀人封官拜印。

[5]僞作表草：宋本作“文僞作表草”，殿本作“僞作表章”。

俄而會至，乃悉請諸將胡烈等，[1]因執之，囚益州解舍，[2]遂發兵反。於是士卒思歸，内外騷動，人情憂懼。會留瓘謀議，乃書板云“欲殺胡烈等”，舉以示瓘，瓘不許，因相疑貳。瓘如厠，見胡烈故給使，使宣語三軍，言會反。會逼瓘定議，經宿不眠，各横刀膝上。在外諸軍已潜欲攻會，瓘既不出，未敢先發。會使瓘慰勞諸軍。瓘心欲去，且堅其意，曰：“卿三軍主，宜自行。”會曰：“卿監司，且先行，吾當後出。”瓘便下殿。會悔遣之，使呼瓘。瓘辭眩疾動，詐仆地。比出閤，[3]數十信追之。瓘至外解，服鹽湯，大吐。瓘素羸，便似困篤。會遣所親人及醫視之，皆言不起，會由是無所憚。及暮，門閉，瓘作檄宣告諸軍。諸軍並已唱義，陵旦共攻會。[4]會率左右距戰，諸將擊敗之，唯帳下數百人隨會繞殿而走，盡殺之。瓘於是部分諸將，群情肅然。

［1］胡烈：三國時安定臨涇（今甘肅省鎮原縣東南）人，胡遵之子。

［2］益州：治所在成都縣（今四川省成都市）。　解舍：官府。

［3］閣：官署的門。

［4］陵旦：天快亮時。

鄧艾本營將士復追破檻車出艾，還向成都。瓘自以與會共陷艾，懼爲變，又欲專誅會之功，乃遣護軍田續至綿竹，[1]夜襲艾於三造亭，[2]斬艾及其子忠。初，艾之入江由也，[3]以續不進，將斬之，既而赦焉。及瓘遣續，謂之曰："可以報江由之辱矣。"

［1］護軍：官名，職掌監護諸將，隸屬領軍。四品。　綿竹：縣名，治所在今四川省德陽市北。

［2］三造亭：《元和郡縣圖志》卷三一《劍南道·漢州·德陽縣》："秦宓宅，其地曰三造亭，在縣北五里。初，太守夏侯纂三造其門，故以爲名。"

［3］江由：即江油戍、江油關，位於今四川省平武縣東南江油關鎮。

事平，朝議封瓘。瓘以克蜀之功，群帥之力，二將跋扈，自取滅亡，雖運智謀，而無搴旗之效，[1]固讓不受。除使持節、都督關中諸軍事、鎮西將軍，[2]尋遷都督徐州諸軍事、鎮東將軍，[3]增封菑陽侯，以餘爵封弟實開陽亭侯。

［1］搴旗：拔掉敵人旗幟。

[2]使持節：漢朝官吏奉使外出時，或由皇帝授予節杖，以提高其權力。魏晋以後，凡重要軍事長官出征或出鎮，加使持節，可誅殺二千石以下官員。　都督關中諸軍事：關中地區最高軍事行政長官。　鎮西將軍：官名，與鎮東、鎮南、鎮北將軍合稱四鎮將軍。多爲持節都督，出鎮方面。曹魏二品。晋改三品，加持節都督者二品。

[3]都督徐州諸軍事：徐州地區最高軍事行政長官。　鎮東將軍：官名，與鎮西、鎮南、鎮北將軍合稱四鎮將軍。多爲持節都督，出鎮方面。曹魏二品。晋改三品，加持節都督者二品。

泰始初，轉征東將軍，[1]進爵爲公，都督青州諸軍事、青州刺史，[2]加征東大將軍、青州牧。[3]所在皆有政績。除征北大將軍、都督幽州諸軍事、幽州刺史、護烏桓校尉。[4]至鎮，表立平州，[5]後兼督之。于時幽并東有務桓，[6]西有力微，[7]並爲邊害。[8]瓘離間二虜，遂致嫌隙，於是務桓降而力微以憂死。朝廷嘉其功，賜一子亭侯。瓘乞以封弟，未受命而亡，[9]子密受封爲亭侯。瓘六男無爵，悉讓二弟，遠近稱之。累求入朝，既至，武帝善遇之，俄使旋鎮。

[1]征東將軍：官名，東漢末置，與征西、征南、征北將軍合稱四征將軍。魏晋時多爲持節都督，出鎮方面。三品，加持節都督者二品。

[2]都督青州諸軍事：青州地區最高軍事行政長官。青州，治所在臨淄縣（今山東省淄博市東北）。

[3]征東大將軍：官名，三國魏文帝黄初三年（222）置，職掌與征東將軍同，但位在其上，多統兵出鎮方面，都督數州軍事。

不常置。二品，開府位從公者一品。

[4]征北大將軍：官名，職掌與征北將軍同，位在其上，多統兵出鎮一方，都督數州軍事。不常置。二品，開府位從公者一品。　都督幽州諸軍事：幽州地區最高軍事行政長官。幽州，治所在薊縣（今北京市西南）。　護烏桓校尉：官名，掌内附烏桓事務。多以都督幽州諸軍事兼領此職。四品。

[5]平州：治所在襄平縣（今遼寧省遼陽市）。

[6]并：并州，治所在晋陽縣（今山西省太原市西南）。　務桓：匈奴首領劉虎之子，一名豹子。劉虎死後率領其部落，爲諸部雄。十六國時被後趙石虎拜爲平北將軍、左賢王。

[7]力微：魏晋時鮮卑拓跋部首領，拓拔詰汾次子。曹魏甘露三年（258）率部遷移至盛樂城（今内蒙古自治區和林格爾縣西北）。北魏建立後，尊爲始祖，謚神元皇帝。

[8]並爲邊害：據《魏書·序紀》載，劉虎據朔方時，拓跋力微早已去世，劉虎的兒子劉務桓不可能與力微“並爲邊害”，《晋書》此載有誤。

[9]未受命而亡：亡，殿本作“卒”。

咸寧初，徵拜尚書令，[1]加侍中。性嚴整，以法御下，視尚書若參佐，尚書郎若掾屬。瓘學問深博，明習文藝，與尚書郎敦煌索靖俱善草書，[2]時人號爲“一臺二妙”。漢末張芝亦善草書，[3]論者謂瓘得伯英筋，靖得伯英肉。

[1]尚書令：官名，秦漢時爲尚書署長官，秩位雖低，權力甚重。魏晋時沿置，爲尚書省長官，綜理全國政務，參議大政，爲高級政務長官。三品。

[2]敦煌：郡名，治所在敦煌縣（今甘肅省敦煌市西）。　索

靖：字幼安，本書卷六〇有傳。

[3]張芝：東漢弘農（今河南省靈寶市）人，字伯英，古代著名書法家，善草書。南朝梁庾肩吾《書品》將其與鍾繇、王羲之並列爲上品之上："羊欣云：'貴越群品，古今莫二，兼撮衆法，備成一家。'若孔門以書三子入室矣，允爲上之上。"

太康初，遷司空，[1]侍中、令如故。爲政清簡，甚得朝野聲譽。武帝敕瓘第四子宣尚繁昌公主。瓘自以諸生之胄，婚對微素，抗表固辭，不許。又領太子少傅，[2]加千兵百騎鼓吹之府。以日蝕，瓘與太尉汝南王亮、司徒魏舒俱遜位，[3]帝不聽。

[1]司空：官名，魏晋南北朝爲名譽宰相，多爲大臣加官。晋八公之一，位在三公之末。一品。

[2]太子少傅：官名，與太子太傅並稱二傅，三國時並攝東宫事務，與尚書、東曹並掌太子、諸侯官署選舉。西晋時下設丞、功曹、主簿等屬官。三品。

[3]太尉：官名，曹操爲丞相後，太尉府屬官歸相府，晋時太尉雖爲八公之一、三公之首，實爲名譽宰相，多爲大臣加官。一品。　汝南王亮：司馬亮，字子翼，本書卷五九有傳。　司徒：官名，西漢哀帝元壽二年（前1）改丞相爲大司徒，東漢光武帝時改名爲司徒，東漢末又改爲丞相。三國魏恢復三公制，改丞相爲司徒，管理民政。兩晋沿制，爲八公之一，在太尉之下、司空之上。與丞相通職，一般不並置，爲名譽宰相。一品。　魏舒：字陽元，本書卷四一有傳。

瓘以魏立九品，[1]是權時之制，非經通之道，宜復古鄉舉里選。與太尉亮等上疏曰："昔聖王崇賢，舉善而教，用使朝廷德讓，野無邪行。誠以閭伍之政，足以相檢，詢事考言，必得其善，人知名不可虚求，故還修其身。是以崇賢而俗益穆，[2]黜惡而行彌篤。[3]斯則鄉舉里選者，先王之令典也。自兹以降，此法陵遲。魏氏承顛覆之運，起喪亂之後，人士流移，考詳無地，故立九品之制，粗且爲一時選用之本耳。[4]其始造也，鄉邑清議，不拘爵位，褒貶所加，足爲勸勵，猶有鄉論餘風。中間漸染，遂計資定品，[5]使天下觀望，唯以居位爲貴，人棄德而忽道業，争多少於錐刀之末，傷損風俗，其弊不細。今九域同規，大化方始，臣等以爲宜皆蕩除下法，[6]一擬古制，以土斷定，自公卿以下，皆以所居爲正，無復懸客遠屬異土者。如此，則同鄉鄰伍，皆爲邑里，郡縣之宰，即以居長，盡除中正九品之制，使舉善進才，各由鄉論。然則下敬其上，人安其教，俗與政具清，[7]化與法並濟。人知善否之教，不在交游，即華競自息，各求於己矣。今除九品，則宜準古制，使朝臣共相舉任，於出才之路既博，且可以厲進賢之公心，[8]覈在位之明暗，誠令典也。”武帝善之，而卒不能改。

[1]九品：此指九品官人法，亦稱九品中正制，即魏晋時期選官任人的制度。州郡中正將人才分爲上上、上中、上下、中上、中中、中下、下上、下中、下下九品，朝廷據此授官。

[2]崇賢而俗益穆：朝廷崇賢，民間就更加敬賢。

[3]黜惡而行彌篤：朝廷罷斥醜惡，民風就會更加誠篤。

[4]粗且爲一時選用之本耳：且爲，原本、宋本、殿本皆作“具”，據中華本改。

[5]計資定品：根據資望定品級。

[6]蕩除下法：下，宋本、殿本作“末”。

[7]具清：具，宋本、殿本作“俱”。

[8]厲：鼓勵，勸勉。

惠帝之爲太子也，朝臣咸謂純質，不能親政事。瓘每欲陳啓廢之，而未敢發。後會宴陵雲臺，[1]瓘託醉，因跪帝床前曰：“臣欲有所啓。”帝曰：“公所言何邪？”瓘欲言而止者三，因以手撫床曰：“此座可惜！”帝意乃悟，因謬曰：“公真大醉邪？”[2]瓘於此不復有言。賈后由是怨瓘。[3]

[1]陵雲臺：洛陽城内建築。《洛陽伽藍記·城内·瑶光寺》：“千秋門内道北有西游園，園中有凌雲臺，即是魏文帝所築者。臺上有八角井，高祖於井北造凉風觀。登之遠望，目極洛川。”

[2]邪：殿本作“耶”。

[3]賈后：惠帝皇后賈南風，本書卷三一有傳。

宣尚公主，數有酒色之過。楊駿素與瓘不平，[1]駿復欲自專權重，宣若離婚，瓘必遜位，於是遂與黄門等毁之，[2]諷帝奪宣公主。瓘慚懼，告老遜位。乃下詔曰：“司空瓘年未致仕，而遜讓歷年，欲及神志未衰，以果本情，至真之風，實感吾心。今聽其所執，進位太保，[3]以公就第。給親兵百人，置長史、司馬、從事中郎掾屬；[4]及大車、官騎、麾蓋、鼓吹諸威儀，[5]一如舊典。給厨田十頃、園五十畝、錢百萬、絹五百匹；[6]床帳簟褥，主者務令優備，以稱吾崇賢之意焉。”有司又奏收宣付廷尉,[7]免瓘位,詔不許。帝後知黄門虚構,欲還復主,而宣疾亡。

[1]楊駿:字文長,本書卷四〇有傳。

[2]黄門:官名,宫中小黄門、中黄門、黄門令統稱,均由宦官充任。

[3]太保:官名,史上屢次廢置,三國魏末年復置。晋爲八公之一,位上公,在太宰、太傅之下。安置元老重臣,無職掌。一品。

[4]長史:官名,掌顧問參謀,爲所在官署掾屬之長。魏晋南北朝時王府、公府、軍府、邊郡均置。此爲公府長史,六品。　司馬:官名,府署高級幕僚,掌參讚軍務、管理府内武職,位僅次於長史。魏晋南北朝時王府、公府、軍府、邊郡均置。此爲公府司馬,六品。　從事中郎:官名,東漢時爲大將軍屬官,地位較高。三國時爲將軍府或公府屬官。六品。此爲公府從事中郎。　掾屬:佐治的官吏。

[5]麾蓋:儀仗所用傘蓋。　鼓吹:儀仗隊中的樂隊。

[6]厨田:賜給官員占田之外的土地。

[7]廷尉:官名,中央最高司法審判機構長官,負責會審朝中有罪文武大臣,覆核審决郡國疑獄等。三品。

惠帝即位,復瓘千兵。及楊駿誅,以瓘録尚書事,[1]加緑綟綬,[2]劍履上殿,入朝不趨,給騎司馬,與汝南王亮共輔朝政。亮奏遣諸王還藩,與朝臣廷議,無敢應者,唯瓘贊其事,楚王瑋由是憾焉。[3]賈后素怨瓘,且忌其方直,不得騁己淫虐;又聞瓘與瑋有隙,遂謗瓘與亮欲爲伊霍之事,[4]啓帝作手詔,使瑋免瓘等官。黄門賫詔授瑋，瑋性輕險，欲騁私怨，夜使清河王遐收瓘。[5]左右疑遐矯詔，咸諫曰："禮律刑名，[6]臺輔大臣，未有此比，且請距之。須自表得報，就戮未晚也。"瓘不從，遂與子恒、嶽、裔及孫等九人同被害，時年七十二。恒二子璪、玠，時在醫家得免。

[1]録尚書事：官名，初爲職銜名，重臣加此名義始得總知國事，綜理政務，成爲真宰相。魏晋多以公卿權重者居之，總領尚書省政務，凡重號將軍、刺史皆得命曹授用，位在三公之上。

[2]緑綟綬：一种黑黄而近緑色的絲帶。古代丞相以上官吏用作印綬。《東觀漢記·百官表》校勘記："印綬，漢制，公侯紫綬，九卿青綬。""建武元年，復設諸侯王金璽綟綬。"

[3]楚王瑋：司馬瑋，字彦度，本書卷五九有傳。

[4]伊霍：伊尹和霍光。伊尹是輔佐商湯及其後代外丙、仲壬、太甲的賢臣。霍光是西漢人，字子孟，爲武帝所親信。武帝死後輔佐少主昭帝。期間輕徭薄賦，與民休息，社會較安定。

[5]清河王遐：司馬遐，字深度，本書卷六四有傳。

[6]禮律刑名：刑，宋本作"則"。

初，杜預聞瓘殺鄧艾，[1]言於衆曰：[2]"伯玉其不免乎！身爲名士，位居總帥，既無德音，又不御下以正，是小人而乘君子之器，當何以堪其責乎？"瓘聞之，不俟駕而謝。終如預言。初，瓘家人炊飯，墮地盡化爲螺，歲餘而及禍。[3]太保主簿劉繇等冒難收瓘而葬之。[4]

[1]杜預：字元凱，本書卷三四有傳。

[2]言於衆曰：宋本"衆"下衍"艾"字。

[3]歲餘而及禍：殿本無“而”字。

[4]主簿：官名，開府屬官，典領文書籍簿，省録衆事，職權甚重。

初，瓘爲司空，時帳下督榮晦有罪，[1]瓘斥遣之。及難作，隨兵討瓘，故子孫皆及於禍。

[1]帳下督：官名，在主帥軍中負責督兵。

楚王瑋之伏誅也，瓘女與國臣書曰：“先公名謚未顯，無異凡人，每怪一國蔑然無言。春秋之失，其咎安在？悲憤感慨，故以示意。”於是繇等執黄旛，[1]撾登聞鼓，[2]上言曰：“初，矯詔者至，公承詔當免，即便奉送章綬，雖有兵仗，不施一刃，重敕出第，單車從命。如矯詔之文唯免公官，右軍已下即承詐僞，[3]違其本文，輒戮宰輔，不復表上，横收公子孫輒皆行刑，賊害大臣父子九人。伏見詔書‘爲楚王所誑誤，非本同謀者皆弛遣’。如書之旨，謂里舍人被驅逼賫白杖者耳。[4]律，受教殺人，不得免死。況乎手害功臣，賊殺忠良，雖云非謀，理所不赦。今元惡雖誅，殺賊猶存。臣懼有司未詳事實，或有縱漏，不加精盡，使公父子仇賊不滅，冤魂永恨，訴於穹蒼，酷痛之臣，悲於明世。臣等身被創痍，殯斂始訖。謹條瓘前在司空時，帳下給使榮晦無情被黜，知瓘家人數、小孫名字。[5]晦後轉給右軍，其夜晦在門外揚聲大呼，宣詔免公還第。及門開，[6]晦前到中門，復讀所賫僞詔，手取公章綬貂蟬，催公出第。晦按次録瓘家口及其子孫，皆兵仗將送，著東亭道北圍守，一時之間，便皆斬斫。害公子孫，實由於晦。及將人劫盗府庫，皆晦所爲。考晦一人，衆奸皆出。乞驗盡情僞，加以族誅。”詔從之。

[1]旛：即“幡”，一種長幅下垂的旗子。

[2]登聞鼓：帝王爲臣民諫議或直接上達冤情，在朝堂外懸鼓，准許臣民擊鼓上聞。

[3]右軍：官名，即右軍將軍。與前軍、後軍、左軍將軍合稱四軍將軍，領營兵千人，掌宿衛。初屬中軍將軍，後屬領軍將軍。四品。　已下：已，殿本作“以”。

[4]里舍人被驅逼賫白杖者耳：意爲與衛瓘同鄉者免爲平民。白杖，平民所用拐杖。

[5]小孫名字：中華本校勘記：“《册府》九一九‘小’作‘子’。探下文，作‘子’是。”

[6]及門開：門開，殿本乙作“開門”。

朝廷以瓘舉門無辜受禍，乃追瓘伐蜀勛，封蘭陵郡公，增邑三千户，謚曰成，贈假黄鉞。

恒，字巨山，少辟司空齊王府，轉太子舍人、尚書郎、秘書丞、太子庶子、黄門郎。[1]

[1]太子舍人：官名，掌行書令、表啓等。初隸太子太傅、太子少傅，後隸太子詹事。七品。　秘書丞：官名，秘書監次官，負責典籍圖書的管理和整理，爲清要之官，多由士族高門擔任。六品。　太子庶子：官名，東宫屬官。晋太子宫置中庶子、庶子各四

員，職比散騎常侍。以俊茂者爲之。釋奠禮時，中庶子扶左，庶子扶右。五品。　黄門郎：官名，黄門侍郎或給事黄門侍郎的省稱。五品。

恒善草、隸書，爲《四體書勢》曰：

昔在黄帝，創制造物。有沮誦、倉頡者，[1]始作書契，以代結繩，蓋睹鳥迹以興思也。因而遂滋，則謂之字，有六義焉。一曰指事，上、下是也。二曰象形，日、月是也。三曰形聲，江、河是也。四曰會意，武、信是也。五曰轉注，老、考是也。六曰假借，令、長是也。夫指事者，在上爲上，在下爲下。象形者，日滿月虧，效其形也。形聲者，以類爲形，配以聲也。會意者，止戈爲武，人言爲信也。轉注者，以老壽考也。[2]假借者，數言同字，其聲雖異，文意一也。自黄帝至三代，其文不改。及秦用篆書，焚燒先典，[3]而古文絶矣。漢武時，魯恭王壞孔子宅，[4]得《尚書》《春秋》《論語》《孝經》。時人以不復知有古文，謂之科斗書。漢世秘藏，希得見之。魏初傳古文者，出於邯鄲淳。[5]恒祖敬侯寫淳《尚書》，後以示淳，而淳不别。至正始中，立三字石經，[6]轉失淳法，因科斗之名，遂效其形。太康元年，[7]汲縣人盜發魏襄王冢，[8]得策書十餘萬言。案敬侯所書，猶有仿佛。[9]古書亦有數種，其一卷論楚事者最爲工妙。恒竊悦之，故竭愚思，以贊其美，愧不足厠前賢之作，冀以存古人之象焉。古無别名，謂之字勢云。

［1］沮誦、倉頡：黄帝時史官。《太平御覽》卷二三五《職官部·太史令》引《世本》："沮誦、蒼頡作書。"宋衷注曰："沮誦、蒼頡，黄帝之史。"

［2］以老壽考也：中華本校勘記："李校：'壽'字誤，疑當作'受'。按：《記纂淵海》八二引'壽'作'爲'。"

［3］焚燒先典：先，殿本作"九"。

［4］魯恭王：名劉余，西漢景帝之子，先立爲淮南王，後徙王魯。好置宫室園囿，曾壞孔子舊宅以廣其宫，於墻壁中得古文經傳。

［5］邯鄲淳：三國時潁川（今河南省許昌市東）人，字子禮，又名竺。東漢末避亂荆州，後附曹操。精於八體六書，善《倉頡篇》《爾雅》，爲魏初傳古文者。

［6］三字石經：即三體石經，又稱正始石經。三國曹魏齊王正始年間（240—248）用古文、篆、隸三種字體刻在石上的儒家經典。

［7］太康元年：關於汲冢書發現時間，本書卷三《武帝紀》言"咸寧五年冬十月"，卷五一《束晳傳》言"太康二年"。據紀之中華本校勘記引雷學淇《竹書紀年考證》："竹書發於咸寧五年十月，《帝紀》之説，録其實也。就官收以後上帝京時言，故曰太康元年，《束晳傳》云二年，或命官校理之歲也。"

［8］汲縣：治所在今河南省衛輝市西南。　魏襄王：戰國時魏國國君，魏惠王之子，名嗣。公元前318至前296年在位。

［9］仿佛：相似，近似。

黄帝之史，沮誦、倉頡，眺彼鳥迹，始作書契。紀綱萬事，垂法立制，帝典用宣，[1]質文著世。爰暨暴秦，滔天作戾，大道既泯，古文亦滅。魏文好古，世傳《丘》《墳》，[2]歷代莫發，真僞靡分。

大晉開元，弘道敷訓，[3]天垂其象，地耀其文。其文乃耀，粲矣其章，因聲會意，類物有方：[4]日處君而盈其度，月執臣而虧其旁；雲委蛇而上布，[5]星離離以舒光；[6]禾卉苯蓴以垂穎，[7]山岳峨嵯而連岡；[8]蟲跂跂其若動，[9]鳥似飛而未揚。觀其錯筆綴墨，用心精專；勢和體均，發止無間。[10]或守正循檢，矩折規旋；或方員靡則，[11]因事制權。其曲如弓，其直如弦。矯然特出，若龍騰于川；森爾下頹，[12]若雨墜于天。或引筆奮力，若鴻雁高飛，邈邈翩翩；或縱肆阿那，[13]若流蘇懸羽，[14]靡靡綿綿。是故遠而望之，若翔風厲水，清波漪漣；就而察之，有若自然。信黄唐之遺迹，[15]爲六藝之範先。[16]籀篆蓋其子孫，隸草乃其曾玄。睹物象以致思，非言辭之所宣。

[1]帝典用宣：黄帝的典章制度因此得到宣揚彰顯。

[2]《丘》《墳》：即《九丘》和《三墳》的簡稱。中華本此處没有書名號，應加。

[3]弘道敷訓：弘揚大道，陳布法則。

[4]類物有方：類，宋本作“一”。

[5]委蛇：曲折游移。

[6]離離：星星點點，繁多貌。

[7]禾卉：禾，殿本作“木”。　苯蓴：花草叢生貌。

[8]峨嵯：山高峻貌。

[9]跂跂：蟲爬行貌。

[10]發止無間：動静間没有界限。

[11]方員：員，殿本作“圓”。

[12]森爾下頹：衆多且突然落下。

[13]縱肆阿那：盡情地徐舒漫展。

[14]流蘇懸羽：流蘇垂下來的絲綫和彩色羽毛。流蘇，用彩色羽毛或絲綫等制成的穗狀垂飾物。

[15]黄唐：黄帝和唐堯。

[16]六藝：古代儒家教育的六種科目——禮、樂、射、御、書、數。

昔周宣王時，[1]史籀始著《大篆》十五篇，[2]或與古同，或與古異，世謂之籀書者也。及平王東遷，[3]諸侯力政，家殊國異，[4]而文字乖形。秦始皇帝初兼天下，丞相李斯乃奏益之，[5]罷不合秦文者。斯作《倉頡篇》，中車府令趙高作《爰歷篇》，[6]太史令胡毋敬作《博學篇》，[7]皆取史籀大篆，或頗省改，所謂小篆者。或曰，下土人程邈爲衙獄吏，[8]得罪始皇，幽繫雲陽十年，[9]從獄中作大篆，少者增益，多者損減，方者使員，員者使方，奏之始皇。始皇善之，出以爲御史，[10]使定書。或曰，邈所定乃隸字也。自秦壞古文，有八體，一曰大篆，二曰小篆，三曰刻符，四曰蟲書，五曰摹印，六曰署書，七曰殳書，八曰隸書。王莽時，使司空甄豐校文字部，[11]改定古文，復有六書。一曰古文，孔氏壁中書也。二曰奇字，即古文而異者也。三曰篆書，秦篆書也。四曰佐書，即隸書也。五曰繆篆，所以摹印也。六曰鳥書，所以書幡信也。及許慎撰《説文》，[12]用篆書爲正，以爲體例，最可得而論也。秦時李斯號爲二篆，[13]諸山及銅人銘皆斯書也。漢建初中，扶風曹喜少異於斯，[14]而亦稱善。邯鄲淳師焉，略究其妙，韋誕師淳而不及也。[15]太和中，誕爲武都太守，[16]以能書，留補侍中，魏氏寶器銘題皆誕書也。漢末又有蔡邕，[17]采斯喜之法，爲古今雜形，然精密閑理不如淳也。

[1]周宣王：西周王，姬姓，名静。厲王之子，公元前827至前782年在位。早年勵精圖治，有宣王中興之譽；晚年窮兵黷武，國勢漸衰。

[2]史籀：西周人，任太史。《法書要录》卷七載唐張懷瓘《書斷上·籀文》："案籀文者，周太史史籀之所作也。"所作《大篆》十五篇，是周代史官教學童書寫的教材。見《漢書》卷三〇《藝文志》。

[3]平王東遷：著名的歷史事件。周平王名宜臼，幽王之子。幽王被犬戎攻殺後，因鎬京殘破，即位的平王便東遷雒邑。此事標志西周結束，東周開始。

[4]家殊國異：國，殿本作"同"。

[5]丞相：官名，最高國務長官。　李斯：戰國末楚國上蔡（今河南省上蔡縣西南）人，少爲郡吏，後入秦，初爲秦相吕不韋舍人，後任長史、客卿。因助秦國統一六國有功，官至丞相。秦始皇死後，與趙高合謀矯詔立胡亥。後爲趙高所害。

[6]中車府令：官名，戰國末秦置，掌王室車馬政令。　趙高：先世爲趙國貴族，因父母有罪，没入秦宫，後爲宦者。因通於律法，舉爲中車府令。秦王政時兼符璽令。秦始皇三十七年（前210）隨從東巡。秦始皇死於沙丘，趙高與李斯矯詔政變，迫始皇長子扶蘇自殺，立二世胡亥。後專擅朝政，害死李斯，自爲丞相。二世死後被子嬰誅殺。

[7]太史令：官名，屬太常。掌天時、星曆、歲終奏新年曆。記録瑞應、灾異等。七品。　胡毋敬：秦人，曾任櫟陽獄吏，太史令。博識今古文字。　《博學篇》：秦人胡毋敬所撰，與李斯所作《蒼頡》七篇，趙高所作《爰歷》六篇，合稱“秦三倉”，爲秦代書法教材。

[8]下土：偏遠的地方。《漢書》卷七七《劉輔傳》：“臣等愚，以爲輔幸得託公族之親，在諫臣之列，新從下土來，未知朝廷體，獨觸忌諱，不足深過。”王符《潛夫論·三式》：“細民冤結，無所控告，下土邊遠，能詣闕者，萬無數人。”《魏書》卷八七《朱長生傳》：“高車主阿伏至羅責長生等拜，長生拒之曰：‘我天子使，安肯拜下土諸侯！’”　程邈：《法書要録》載其爲秦下邽（今陝西省渭南市北）人，字元岑。

[9]雲陽：縣名，治所在今陝西省淳化縣西北。

[10]御史：官名，秦時御史爲監察郡縣之官，有時也奉使外出調查審理重大案件、收捕罪犯等。

[11]司空：官名，魏晋南北朝爲名譽宰相，多爲大臣加官。晋八公之一，位在三公之末。一品。　甄豐：西漢末人，歷任左曹中郎將、右將軍、光禄勛、左將軍、大司空等職。封廣陽侯，王莽稱帝後，封廣新公，後被殺。

[12]許慎：東漢汝南召陵（今河南省漯河市郾城區）人，字叔重。師事賈逵，博學經籍，古文經學家、文字學家。著作《説文解字》流傳於世。

[13]二篆：中華本校勘記：“《魏志·劉劭傳》注引《文章叙録》及《水經·河水》注引俱作‘工篆’，‘二’蓋‘工’之形近誤。”

[14]扶風：封國名，治所在郿縣（今陝西省眉縣東渭河北岸）。

[15]韋誕：三國時京兆杜陵（今陝西省西安市東南）人，字仲將。歷任曹魏武都太守、侍中、中書監、光禄大夫等職。善書

法，魏王室寶器銘題皆其所書。

[16]武都：郡名，治所在下辯縣（今甘肅省成縣西）。

[17]蔡邕：東漢陳留圉（今河南省杞縣西南）人，字伯喈。通天文、數術、音律、辭章。董卓專擅朝政，任蔡邕爲祭酒、尚書、中郎將。董卓被誅後，王允將蔡邕收付廷尉治罪，死於獄中。

邕作《篆勢》曰："鳥遺迹，皇頡循。聖作則，制斯文。體有六，篆爲真。形要妙，巧入神。或龜文鍼列，櫛比龍鱗；紓體放尾，長短複身；[1]頹若黍稷之垂穎，[2]蘊若蟲蛇之焚緼；[3]揚波振擎，[4]鷹跱鳥震；[5]延頸脅翼，勢似陵雲。或輕筆内投，微本濃末，若絶若連；似水露緑絲，[6]凝垂下端；從者如懸，衡者如編；杳杪邪趣，[7]不方不員；若行若飛，跂跂翾翾。[8]遠而望之，象鴻鵠群游，駱驛遷延；迫而視之，端際不可得見，指撝不可勝原。[9]研桑不能數其詰屈，[10]離婁不能睹其郤間，[11]般倕揖讓而辭巧，[12]籀誦拱手而韜翰。[13]處篇籍之首目，粲斌斌其可觀。摛華艷於紈素，爲學藝之範先。喜文德之弘懿，[14]愠作者之莫刊。[15]思字體之頫仰，舉大略而論旃。"[16]

[1]長短複身：中華本校勘記："《蔡中郎集》及《類聚》七四作'長翅短身'，《初學記》二一引作'長短副身'。"

[2]穎：禾尾；帶芒的穀穗。《詩·大雅·生民》："實堅實好，實穎實栗。"孔穎達疏："秸又云穎，則穎是禾穗之挺。《書序》云：'唐叔得禾，異畝同穎。'謂挺上合也。美其禾之成就，不當言其有穎而已，故云'穎，垂穎'。言其穗重而穎垂也。"

[3]藴若蟲蛇之棼緼：深藏若蟲蛇僵卧於亂絮中。“棼”同“僨”，僵仆，僵卧。

[4]擎（piē）：擎缺，雷電之神。

[5]鷹跱鳥震：形容筆力遒勁。

[6]似水露緑絲：中華本校勘記：“李校：‘緑’當作‘緣’。按：《蔡中郎集》、《初學記》二一引‘緑’正作‘緣’。”

[7]杳杪邪趣：縹緲細微，怪異有韵味。杳，殿本作“杳”。

[8]跂跂翾翾：蟲爬鳥飛貌。

[9]指撝：指揮。

[10]研桑：計研和桑弘羊。《文選·班固〈答賓戲〉》：“和鵲發精於鍼石，研桑心計於無垠。”李善注：“《左氏傳》曰：晋侯求醫於秦，秦伯使醫和視之。《史記》曰：扁鵲使弟子子陽厲針砥石。又曰：越王勾踐困於會稽之上，乃用范蠡、計然。韋昭曰：研，范蠡之師計然之名也。《漢書》曰：桑弘羊，雒陽賈人子，以心計爲侍中也。”

[11]離婁：古代視力超强的人。《孟子·離婁上》：“孟子曰：‘離婁之明，公輸子之巧，不以規矩，不能成方員。’”焦循正義：“離婁，古之明目者，黄帝時人也。黄帝亡其玄珠，使離朱索之。離朱，即離婁也，能視於百步之外，見秋毫之末。”

[12]般倕：公輸般和倕，古代兩個能工巧匠。公輸班亦稱魯班。倕，堯時巧匠。《淮南子·本經訓》：“故周鼎著倕，使銜其指，以明大巧之不可爲也。”高誘注：“倕，堯之巧匠也。”

[13]韜翰：把筆藏起來，不敢寫字。

[14]弘懿：弘大美善。

[15]愠：含怒，怨恨。　刊：刊刻。

[16]旃：虚詞。之，焉。

秦既用篆，奏事繁多，篆字難成，即令隸人佐書，曰隸字。漢因行之，獨符、印璽、幡信、題署用篆。隸書者，篆之捷也。上谷王次仲始作楷法。[1]至靈帝好書，時多能者，而師宜官爲最，[2]大則一字徑丈，小則方寸千言，甚矜其能。或時不持錢詣酒家飲，因書其壁，顧觀者以讎酒，[3]討錢足而滅之。每書輒削而焚其柎。[4]梁鵠乃益爲版而飲之酒，[5]候其醉而竊其柎。鵠卒以書至選部尚書。[6]宜官後爲袁術將，[7]今鉅鹿宋子有《耿球碑》，[8]是術所立，其書甚工，云是宜官也。梁鵠奔劉表，[9]魏武帝破荆州，[10]募求鵠。鵠之爲選部也，魏武欲爲洛陽令，[11]而以爲北部尉，[12]故懼而自縛詣門，署軍假司馬；[13]在秘書以勤書自效，是以今者多有鵠手迹。魏武帝懸著帳中，及以釘壁玩之，以爲勝宜官。今宫殿題署多是鵠篆。[14]鵠宜爲大字，邯鄲淳宜爲小字。鵠謂淳得次仲法，然鵠之用筆盡其勢矣。鵠弟子毛弘教於秘書，今八分皆弘法也。漢末有左子邑，小與淳鵠不同，然亦有名。

[1]上谷：郡名，三國魏治所在居庸縣（今北京市延慶區），西晋治所在沮陽縣（今河北省懷來縣東南）。　王次仲：秦漢時人，八分字體的創始人。《法書要録》卷七《書斷》："八分者，秦時人上谷王次仲所作也。"王愔云："次仲始以古書方廣少波勢，建初中以隸草作楷法，字方八分，言有模楷。"

[2]師宜官：東漢南陽（今河南省南陽市）人。書法家，善八分書。

[3]顧觀者：顧，原本、宋本作"雇"，殿本作"顧"，據殿

本、中華本校勘記改。　餦酒：餦，殿本作“酬”。

[4]柎：書寫用的木板。

[5]梁鵠：東漢安定烏氏（今寧夏回族自治區固原市東南）人，字孟皇，曾任涼州刺史，靈帝時爲選部尚書。精通書法。

[6]選部尚書：官名，尚書臺屬官。東漢靈帝時由尚書臺吏曹改名，掌選任官吏。秩六百石。魏晋時改名吏部尚書。三品。

[7]袁術：東漢汝南汝陽（今河南省商水縣西北）人，字公路，袁紹從弟。歷任河南尹、虎賁中郎將等職。董卓之亂後，割據南陽。後爲袁紹、曹操打敗，退據揚州，自稱揚州刺史、徐州牧。建安二年（197）稱帝，後被迫去帝號。

[8]鉅鹿：郡名，治所在巨鹿縣（今河北省平鄉縣西南）。宋子：縣名，治所在今河北省趙縣東北。

[9]劉表：東漢末山陽高平（今山東省鄒城市西南）人，字景升。少知名，爲“八俊”之一。東漢末黨人，後任荆州刺史。依靠當地名士大族的支持，南收零、桂，北據漢水，控地數千里，帶甲十餘萬。建學校、求儒士，保江漢間以觀天下之變。

[10]荆州：三國時曹魏治所在新野縣（今河南省新野縣），孫吴治所在江陵縣（今湖北省江陵縣），西晋統一後治所在江陵縣（今湖北省江陵縣）。

[11]洛陽令：官名，洛陽縣長官，屬河南尹。七品。

[12]北部尉：官名，即北部都尉。東漢時南匈奴入塞，曹操分其爲東、南、西、北、中五部。北部都尉爲負責北部的長官。

[13]假：代理。

[14]鵠篆：篆，原本、宋本作“象”，殿本作“篆”，據殿本、中華本校勘記改。

魏初有鍾胡二家爲行書法，[1]俱學之於劉德升，[2]而鍾氏小異，然亦各有巧，今大行於世云。

作《隸勢》曰：“鳥迹之變，乃惟佐隸。蠲彼繁文，崇此簡易。厥用既弘，體象有度。焕若星陳，鬱若雲布。其大徑尋，[3]細不容髮。隨事從宜，靡有常制。或穹隆恢廓，或櫛比鍼列，或砥平繩直，或蛩蝹膠戾，[4]或長邪角趣，[5]或規旋矩折。修短相副，異體同勢。奮筆輕舉，離而不絶。纖波濃點，錯落其間。若鍾簴設張，[6]庭燎飛烟。嶃巖嵯峨，[7]高下屬連。似崇臺重宇，增雲冠山。遠而望之，若飛龍在天；近而察之，心亂目眩。奇姿譎詭，不可勝原。研桑所不能計，宰賜所不能言。[8]何草篆之足算，而斯文之未宣。豈體大之難睹，將秘奥之不傳？聊俯仰而詳觀，舉大較而論旃。”

[1]鍾：鍾繇，三國時潁川長社（今河南省長葛市東）人，字元常。東漢建安二年（197），被曹操表爲侍中，守司隸校尉，持節都督關中諸軍事。二十四年，受魏諷謀反牽連，被免官。曹魏文帝時復爲廷尉，官至太傅。古代著名書法家。　胡：胡昭，三國時潁川人，字孔明。養志不仕。始避地冀州，辭袁紹之命，遁還鄉里。曹操頻加禮辟，胡昭被迫應命，既至，自陳一介野生，無軍國之用，歸誠求去。善史書，與鍾繇、邯鄲淳、衛覬、韋誕並有名，尺牘之迹，動見模楷。

[2]劉德升：東漢末潁川人，字君嗣。以造行書著名。胡昭、鍾繇並師其法，世謂鍾繇行押書，而胡書體肥，鍾書體瘦，亦各有君嗣之美。

[3]尋：古代長度單位。《詩·魯頌·閟宫》：“是斷是度，是尋是尺。”鄭玄箋：“八尺曰尋。”

[4]蛩蝹膠戾：筆勢蜿蜒，迴環曲折。

[5]長邪角趣：形容筆法與衆不同。

[6]鐘簴：懸挂鐘磬的器具。

[7]嶄巖巇嵯：尖鋭参差貌。巇嵯，殿本作“巇峨”。

[8]宰賜：宰予和端木賜。二人都是孔子弟子，善於辭令。

漢興而有草書，不知作者姓名。至章帝時，[1]齊相杜度號善作篇。[2]後有崔瑗、崔寔，[3]亦皆稱工。杜氏殺字甚安，[4]而書體微瘦。崔氏甚得筆勢，而結字小疏。[5]弘農張伯英者，[6]因而轉精甚巧。凡家之衣帛，必書而後練之。[7]臨池學書，池水盡黑。下筆必爲楷則，號匆匆不暇草書。寸紙不見遺，至今世尤寶其書，韋仲將謂之草聖。伯英弟文舒者，[8]次伯英。又有姜孟潁、梁孔達、田彦和及韋仲將之徒，皆伯英弟子，有名於世，然殊不及文舒也。羅叔景、趙元嗣者，與伯英並時，見稱於西州，而矜巧自與，衆頗惑之。故英自稱“上比崔杜不足，下方羅趙有餘”。河間張超亦有名，[9]然雖與崔氏同州，不如伯英之得其法也。

[1]章帝：東漢皇帝，名劉炟，明帝第五子。公元 76 至 88 年在位。在位期間興儒奬學，鼓勵生育，社會安定，生産發展，有“明章之治”之譽。由於寬容外戚，開外戚專政之端。

[2]杜度：東漢人，本名杜操，魏晋避曹操諱，名之曰杜度。古代書法家。《太平御覽》卷七四九《工藝部 · 書下》引《書斷》：“杜度，字伯度，京兆杜陵人也。御史大夫延年曾孫，章帝時爲齊相，善草書。”

[3]崔瑗：東漢涿郡安平（今河北省安平縣）人，字子玉，崔

胤之子。精於天官、曆數，爲儒者所宗。與馬融、張衡等爲友，以文章著稱。　崔寔：東漢涿郡安平（今河北省安平縣）人，字子真，一名臺，字元始。歷任議郎、大將軍司馬、五原太守等職。著有《政論》《四民月令》傳世。

[4]殺字：書法術語，即草書的收筆。殺，殿本作“結”。

[5]結字：書法術語，即字的間架結構。

[6]弘農：郡名，治所在弘農縣（今河南省靈寶市）。

[7]練：將生絲織品煮熟，使之柔軟潔白。

[8]文舒：即張昶，字文舒。東漢書法家，《法書要録》卷八《書斷》載：“張昶，字文舒，伯英季弟，爲黄門侍郎。尤善章草，家風不墜，奕葉清華，書類伯英，時人謂之‘亞聖’。”

[9]河間：郡國名，治所在樂成縣（今河北省獻縣東南）。

崔瑗作《草書勢》曰：“書契之興，始自頡皇。寫彼鳥迹，以定文章。爰暨末葉，典籍彌繁。時之多僻，政之多權。官事荒蕪，剿其墨翰。[1]惟作佐隸，舊字是删。草書之法，蓋又簡略。應時諭指，用於卒迫。兼功并用，愛日省力。純儉之變，豈必古式。觀其法象，俯仰有儀。方不中矩，員不副規；抑左揚右，望之若崎。[2]竦企鳥峙，[3]志在飛移；狡獸暴駭，將奔未馳。或𪐴黈點黝，[4]狀似連珠，絶而不離；畜怒怫鬱，[5]放逸生奇。[6]或凌邃惴慄，若據槁臨危；[7]旁點邪附，似蜩螗挶枝。[8]絶筆收勢，餘綖糾結，若杜伯揵毒緣巇，[9]騰蛇赴穴，頭没尾垂。是故遠而望之，㴶焉若沮岑崩崖；[10]就而察之，一畫不可移。機微要妙，臨時從宜。略舉大較，仿佛若斯。”

[1]剿其墨翰：絶斷筆墨。

[2]望之若崎：望之好像山峰聳立。

[3]竦企鳥峙：引領舉踵，像鳥一樣站立。峙，殿本作“跱”。

[4]黝黗點黤：點點相連貌。

[5]畜怒怫鬱：蓄積的壯盛气勢，尚未爆發的樣子。

[6]放逸生奇：豪放不羈，奇相叢生。

[7]槁：殿本作“高”。

[8]蜩螗挶枝：蟬抓住樹枝。

[9]揵毒緣巇：形容草書收筆的急速。

[10]隤焉若沮岑崩崖：峰崖崩沮，形容草書整篇的布局。

及瓘爲楚王瑋所構，恒聞變，以何劭，[1]嫂之父也，從墻孔中詣之，以問消息。劭知而不告。恒還經厨下，收人正食，因而遇害。後贈長水校尉，[2]謚蘭陵貞世子。[3]二子：璪、玠。

[1]何劭：字敬祖，本書卷三三有傳。

[2]長水校尉：官名，五校尉之一，統宿衛兵，魏晋時隸屬中領軍。四品。

[3]貞世子：貞，殿本作“真”。

璪，字仲寶，襲瓘爵。後東海王越以蘭陵益其國，[1]改封江夏郡公，邑八千五百户。懷帝即位，爲散騎侍郎。[2]永嘉五年，没於劉聰。[3]元帝以瓘玄孫崇嗣。

[1]東海王越：司馬越，字元超，本書卷五九有傳。　蘭陵：郡名，治所在丞縣（今山東省棗莊市嶧城區）。

[2]散騎侍郎：官名，三國魏置。隸屬散騎省，侍從皇帝左右，顧問應對，諫諍拾遺，與散騎常侍、侍中等共平尚書奏事。五品。

[3]劉聰：字玄明，一名載，本書卷一〇二有載記。

玠，字叔寶。年五歲，風神秀異。祖父瓘曰："此兒有異於衆，顧吾年老，[1]不見其成長耳！"[2]總角乘羊車入市，[3]見者皆以爲玉人，觀之者傾都。驃騎將軍王濟，[4]玠之舅也，俊爽有風姿，每見玠，輒嘆曰："珠玉在側，覺我形穢。"又嘗語人曰："與玠同游，冏若明珠之在側，朗然照人。"及長，好言玄理。其後多病體羸，母恒禁其語。遇有勝日，親友時請一言，無不咨嗟，以爲入微。琅邪王澄有高名，[5]少所推服，每聞玠言，輒嘆息絶倒。故時人爲之語曰："衛玠談道，平子絶倒。"澄及王玄、王濟並有盛名，皆出玠下，世云"王家三子，不如衛家一兒"。玠妻父樂廣，[6]有海内重名，議者以爲"婦公冰清，女婿玉潤"。

[1]顧：衹是。

[2]不見其成長耳：成長，殿本乙作"長成"。

[3]總角：童年。

[4]驃騎將軍：官名，西漢時爲重號將軍，東漢以後，居諸名號將軍之首，僅作爲軍府名號加授大臣或重要州郡長官。二品，開府位從公者一品。　王濟：字武子，本書卷四二有傳。

[5]琅邪：封國名，治所在今山東省臨沂市。　王澄：字平子，本書卷四三有傳。

[6]樂廣：字彦輔，本書卷四三有傳。

辟命屢至，皆不就。久之，爲太傅西閤祭酒，[1]拜太子洗馬。[2]璪爲散騎侍郎，内侍懷帝。玠以天下大亂，欲移家南行。母曰："我不能舍仲寶去也。"玠啓諭深至，爲門户大計，母涕泣從之。臨别，玠謂兄曰："在三之義，[3]人之所重。今可謂致身之日，兄其勉之。"乃扶輿母轉至江夏。[4]

[1]太傅：官名，晋爲八公之一。位上公，太宰之下、太保之上。一品。　西閤祭酒：官名，王、公、丞相、將軍等府僚屬。位在東閤祭酒之下。與主簿、舍人主閤内事。

[2]太子洗馬：官名，東宫屬官。掌太子圖籍、經書，太子出行則前導威儀。七品。

[3]在三：尊敬君、父、師。典出《國語·晋語一》："'民生於三，事之如一。'父生之，師教之，君食之。非父不生，非食不長，非教不知。生之族也，故一事之。唯其所在，則致死焉。"韋昭注："三，君、父、師也。"

[4]江夏：郡名，三國魏時治所在上昶城（今湖北省雲夢縣），西晋時移治安陸縣（今湖北省安陸市西南）。

玠妻先亡。征南將軍山簡見之，[1]甚相欽重。簡曰："昔戴叔鸞嫁女，[2]惟賢是與，[3]不問貴賤，况衛氏權貴門户令望之人乎！"[4]於是以女妻焉。遂進豫章。[5]是時大將軍王敦鎮豫章，[6]長史謝鯤先雅重玠，[7]相見欣然，言論彌日。[8]敦謂鯤曰："昔王輔嗣吐金聲於中朝，[9]此子復玉振於江表，微言之緒，絶而復續。不意永嘉之末，復聞正始之音，何平叔若在，[10]當復絶倒。"玠嘗以人有不及，可以情恕；非意相干，可以理遣，故終身不見喜愠之容。

[1]征南將軍：官名，與征東、征西、征北將軍合稱四征將軍。三國魏蜀吴兩晋皆置，出鎮方面，地位顯要。三品，加持節都督者二品。　山簡：字季倫，本書卷四三有傳。

[2]戴叔鸞：東漢時汝南慎陽（今河南省正陽縣北）人，字叔鸞。有五女並賢，每有求姻，輒便許嫁，以疏裳布被、竹笥木屐作爲陪嫁。五女均能遵其訓誡，皆有隱者之風。

[3]惟：殿本作“唯”。

[4]令望：地望高貴。

[5]豫章：郡名，治所在南昌縣（今江西省南昌市）。

[6]大將軍：官名，高級軍事統帥。曹魏時多以之屯駐長安，對付蜀漢，蜀漢以其爲最高軍事長官，孫吴則别置上大將軍居其上。西晋時爲八公之一，位居上公、大司馬下，三公之上。東晋時常專擅軍政事務。一品。　王敦：字處仲，本書卷九八有傳。

[7]謝鯤：字幼輿，本書卷四九有傳。

[8]言論：論，殿本作“語”。

[9]王輔嗣：王弼，三國魏山陽高平（今山東省鄒城市西南）人，字輔嗣。玄學家，與何晏、夏侯玄等開玄學清談之風，史稱“正始之音”。著有《老子注》《老子指略》《周易注》《周易略例》等。

[10]何平叔若在：《世説新語·賞譽》劉孝標注引《衛玠别傳》：“玠至武昌見王敦，敦與之談論，彌日信宿。敦顧謂僚屬曰：‘昔王輔嗣吐金聲於中朝，此子今復玉振於江表，微言之緒，絶而復續。不悟永嘉之中，復聞正始之音。阿平若在，當復絶倒。’”余嘉錫先生箋曰：“以‘王平子邁世有俊才’條及此條注合而觀之，知此二事同出於《衛玠别傳》。先言平子聞玠之語議，輒絶倒於坐；後言阿平若在，當復絶倒。則阿平自是指王平子，文義甚明。唐修

《晋書》作何平叔者，後人妄改耳。”（余嘉錫：《世説新語箋疏》，中華書局 1983 年版，第 533、535 頁）同樣看法還有邱久榮先生《〈晋書·衛瓘傳附衛玠傳〉糾誤》，見《社會科學輯刊》1983 年第 4 期。

以王敦豪爽不群，而好居物上，恐非國之忠臣，求向建鄴。京師人士聞其姿容，觀者如堵。玠勞疾遂甚，永嘉六年卒，時年二十七，時人謂玠被看殺。葬於南昌。[1]謝鯤哭之慟，人問曰：“子有何恤而致斯哀？”[2]答曰：“棟梁折矣，不覺哀耳。”咸和中，改塋於江寧。[3]丞相王導教曰：[4]“衛洗馬明當改葬。此君風流名士，海内所瞻，可修薄祭，以敦舊好。”後劉惔、謝尚共論中朝人士，[5]或問：“杜乂可方衛洗馬不？”[6]尚曰：“安得相比，其間可容數人。”惔又云：“杜乂膚清，叔寶神清。”其爲有識者所重若此。于時中興名士，唯王承及玠爲當時第一云。[7]

[1]南昌：縣名，治所在今江西省南昌市。

[2]子有何恤：此喪與你有什麼關係。恤，指君父之喪。

[3]江寧：縣名，治所在今江蘇省南京市江寧區。

[4]王導：字茂弘，本書卷六五有傳。

[5]劉惔：字真長，本書卷七五有傳。　謝尚：字仁祖，本書卷七九有傳。

[6]杜乂：字弘理，本書卷九三有傳。

[7]王承：字安期，本書卷七五有傳。

恒族弟展，字道舒，歷尚書郎、南陽太守。[1]永嘉中，爲江州刺史，[2]累遷晋王大理。[3]詔有考子證父，或鞭父母問子所在，展以爲恐傷正教，並奏除之。中興建，爲廷尉，[4]上疏宜復肉刑，語在《刑法志》。卒，贈光禄大夫。[5]

[1]南陽：郡名，治所在宛縣（今河南省南陽市）。

[2]江州：治所在南昌縣（今江西省南昌市）。

[3]大理：官名，兩晋封國内主刑獄之官。

[4]廷尉：廷，宋本作“建”。

[5]光禄大夫：官名，三公等大臣告老回家即拜此職，或作爲在朝顯職的加官。三品，開府位從公者一品。

張華

張華，字茂先，范陽方城人也。[1]父平，魏漁陽郡守。[2]華少孤貧，自牧羊，同郡盧欽見而器之。[3]鄉人劉放亦奇其才，[4]以女妻焉。華學業優博，辭藻温麗，朗贍多通，[5]圖緯方伎之書莫不詳覽。少自修謹，造次必以禮度。勇於赴義，篤於周急。[6]器識弘曠，時人罕能測之。

[1]范陽：郡名，治所在范陽縣（今河北省定興縣固城鎮）。方城：縣名，治所在今河北省固安縣方城村。

[2]漁陽：郡名，治所在漁陽縣（今北京市密雲區西南）。

[3]盧欽：字子若，本書卷四四有傳。

[4]劉放：三國時涿郡涿縣（今河北省涿州市）人，字子棄。曹操時任司空軍事、秘書郎。文帝時任中書監，加給事中，掌機密。明帝時加散騎常侍。明帝病重，乃與孫資謀使明帝昭司馬懿、

曹爽輔政。官至左光禄大夫、驃騎將軍。

[5]朗贍多通：聰明穎悟，多所通曉。

[6]周急：周濟窮迫。

初未知名，著《鷦鷯賦》以自寄。[1]其詞曰：

何造化之多端，播群形於萬類。惟鷦鷯之微禽，亦攝生而受氣，育翩翾之陋體，[2]無玄黄以自貴；[3]毛無施於器用，肉不登乎俎味。鷹鸇過猶戢翼，[4]尚何懼於罿罻！[5]翳薈蒙籠，[6]是焉游集。飛不飄揚，翔不翕習。[7]其居易容，其求易給；巢林不過一枝，每食不過數粒。栖無所滯，游無所盤；匪陋荆棘，匪榮茝蘭。動翼而逸，投足而安。委命順理，與物無患。伊兹禽之無知，而處身之似智。不懷寶以賈害，不飾表以招累。静守性而不矜，動因循而簡易。任自然以爲資，無誘慕於世僞。

[1]自寄：寄託自己思想。

[2]翩翾：輕飛貌。

[3]玄黄：絲織物的艷麗色彩。《尚書·武成》："惟其士女，篚厥玄黄，昭我周王。"孔安國傳："言東國士女筐篚盛其絲帛，奉迎道次，明我周王爲之除害。"

[4]戢翼：戢，宋本作"俄"。

[5]罿（chōng）罻（wèi）：捕鳥的網。

[6]翳薈蒙籠：形容草木茂盛。

[7]翔不翕習：習，殿本作"集"。

鵰鶡介其觜距，[1]鵠鷺軼於雲際，鶤鷄竄於幽險，[2]孔翠生乎遐裔，[3]彼晨鳧與歸雁，又矯翼而增逝，咸美羽而豐肌，故無罪而皆斃；徒銜蘆以避繳，[4]終爲戮於此世。蒼鷹鷙而受紲，鸚鵡惠而入籠，[5]屈猛志以服養，塊幽縶於九重；[6]變音聲以順旨，思摧翮而爲庸。戀鍾岱之林野，[7]慕隴坻之高松。[8]雖蒙幸於今日，未若疇昔之從容。海鳥爰居，避風而至；條支巨爵，[9]逾嶺自致；提挈萬里，飄颻逼畏。夫唯體大妨物，而形瓌足偉也。

[1]鵰鶡：雕與鶡鷄。　介：用甲武裝起來。　觜距：禽鳥的嘴和爪。

[2]鵾鷄：禽類，似鶴。

[3]孔翠：孔雀。

[4]徒銜蘆以避繳：《淮南子·修務訓》："夫雁順風以愛氣力，銜蘆而翔，以備矰弋。"高誘注："銜蘆所以令繳不得截其翼也。"

[5]惠：殿本作"慧"。

[6]塊幽縶於九重：孤獨地囚禁於籠中。

[7]鍾岱：泰山。此泛指大山。

[8]隴坻：隴山。此泛指大山。

[9]條支：古西域國名。　巨爵：巨雀，大鳥。

陰陽陶烝，萬品一區。巨細舛錯，種繁類殊。鷦冥巢於蚊睫，[1]大鵬彌乎天隅，將以上方不足而下比有餘。普天壤而遐觀，吾又安知大小之所如。陳留阮籍見之，[2]嘆曰："王佐之才也！"由是聲名始著。

[1]鷦冥巢於蚊睫：比喻極小。典出《晏子春秋·外篇》："公

曰：‘天下有極細乎？’晏子對曰：‘有。東海有蟲，巢於蟁睫，再乳再飛，而蟁不爲驚。臣嬰不知其名，而東海漁者命曰焦冥。’”

[2]陳留：郡國名，治所在小黄縣（今河南省開封市東）。阮籍：字嗣宗，本書卷四九有傳。

郡守鮮于嗣薦華爲太常博士。[1]盧欽言之於文帝，轉河南尹丞，[2]未拜，除佐著作郎。[3]頃之，遷長史，兼中書郎。朝議表奏，多見施用，遂即真。晋受禪，拜黄門侍郎，[4]封關内侯。

[1]太常博士：官名，秦漢時博士名義上屬太常，備諮詢顧問。魏晋時由於國子博士、太學博士專掌經學傳授，參議禮儀制度，遂别置太常博士，掌引導乘輿，擬議王公以下謚號，參議朝廷禮儀典章。六品。

[2]河南尹丞：官名，河南尹副貳。七品。

[3]佐著作郎：官名，三國時隸屬中書省，西晋改隸秘書省，協助著作郎修撰國史及起居注，整理秘書省所藏典籍。七品。

[4]黄門侍郎：官名，魏晋時爲侍中省或門下省次官。侍從皇帝，顧問應對，多以重臣或外戚子弟擔任，位頗重要。五品。

華强記默識，四海之内，若指諸掌。武帝甞問漢宫室制度及建章千門萬户，[1]華應對如流，聽者忘倦，畫地成圖，左右屬目。帝甚異之，時人比之子産。[2]數歲，拜中書令，[3]後加散騎常侍。遭母憂，哀毁過禮，中詔勉勵，逼令攝事。

[1]甞：殿本作“常”，此處通“甞”。

[2]子産：春秋時鄭國人，名僑，字子産，鄭穆公之孫，公子發之子，因又稱公孫僑。鄭簡公時執掌國政，作丘賦、鑄刑書、擇賢能、護鄉校，進行一系列改革。

[3]中書令：官名，掌收納尚書奏事、傳達皇帝詔旨。三國魏文帝初年分秘書置中書省，設中書監和中書令，職權甚重。三品。

初，帝潛與羊祜謀伐吴，[1]而群臣多以爲不可，唯華贊成其計。其後，祜疾篤，帝遣華詣祜，問以伐吴之策，[2]語在《祜傳》。及將大舉，以華爲度支尚書，[3]乃量計運漕，决定廟算。衆軍既進，而未有克獲，賈充等奏誅華以謝天下。[4]帝曰："此是吾意，華但與吾同耳。"[5]時大臣皆以爲未可輕進，華獨堅執，以爲必克。及吴滅，詔曰："尚書、關内侯張華，前與故太傅羊祜共創大計，遂典掌軍事，部分諸方，算定權略，運籌决勝，有謀謨之勛。其進封爲廣武縣侯，增邑萬户，封子一人爲亭侯，千五百户，賜絹萬匹。"

[1]羊祜：字叔子，本書卷三四有傳。

[2]伐吴之策：策，殿本作"計"。

[3]度支尚書：官名，尚書省度支曹長官，掌全國財富的收支會計及事役、漕運、物價、屯田之政令。三品。

[4]賈充：字公閭，本書卷四〇有傳。

[5]但與吾同耳：同，宋本作"問"。

華名重一世，衆所推服，晋史及儀禮憲章並屬於華，多所損益，當時詔誥皆所草定，聲譽益盛，有臺輔之望焉。而荀勖自以大族，[1]恃帝恩深，憎疾之，每伺間隙，欲出華外鎮。會帝問華："誰可託寄後事者？"對曰："明德至親，莫如齊王攸。"[2]既非上意所在，微爲忤旨，間言遂行。乃出華爲持節、都督幽州諸軍事、領護烏桓校尉、安北將軍。[3]撫納新舊，戎夏懷之。東夷馬韓、新彌諸國依山帶海，[4]去州四千餘里，歷世未附者二十餘國，並遣使朝獻。於是遠夷賓服，四境無虞，頻歲豐稔，士馬强盛。

[1]荀勖：字公曾，本書卷三九有傳。

[2]齊王攸：司馬攸，字大猷，本書卷三八有傳。

[3]領：以職位較高的官員兼理較低的職務。　安北將軍：官名，東漢建安年間置，與安東、安南、安西將軍合稱四安將軍，爲出鎮某一地區的軍事長官，或作爲刺史等兼理軍務的加官，權任頗重。三品，加持節都督者二品。

[4]馬韓：域外國名，本書卷九七有傳。

朝議將欲徵華入相，又欲進號儀同。[1]初，華毁徵士馮恢於帝，紞即恢之弟也，[2]深有寵於帝。紞嘗侍帝，從容論魏晋事，因曰："臣竊謂鍾會之釁，[3]頗由太祖。"[4]帝變色曰："卿何言邪！"紞免冠謝曰："臣愚冗瞽言，[5]罪應萬死。然臣微意，猶有可申。"帝曰："何以言之？"紞曰："臣以爲善御者必識六轡盈縮之勢，善政者必審官方控帶之宜，故仲由以兼人被抑，[6]冉求以退弱被進，[7]漢高八王以寵過夷滅，[8]光武諸將由抑損克終。非上有仁暴之殊，下有愚智之異，蓋抑揚與奪使之然耳。鍾會才見有限，[9]而太祖誇獎太過，嘉其謀猷，盛其名器，居以重勢，委以大兵，故使會自謂算無遺策，功在不賞，輈張跋扈，[10]遂搆凶逆耳。向令太祖録其小能，節以大禮，抑之以權勢，納之以軌則，則亂心無由而生，亂事無由而成矣。”帝曰：“然。”紞稽首曰：“陛下既已然微臣之言，宜思堅冰之漸，無使如會之徒復致覆喪。”帝曰：“當今豈有如會者乎？”紞曰：“東方朔有言‘談何容易’，[11]《易》曰‘臣不密則失身’。”[12]帝乃屏左右曰：“卿極言之。”紞曰：“陛下謀謨之臣，著大功於天下，海内莫不聞知，據方鎮總戎馬之任者，皆在陛下聖慮矣。”帝默然。頃之，徵華爲太常。[13]以太廟屋棟折，免官。遂終帝之世，以列侯朝見。

[1]儀同：即開府儀同三司，三國魏始置。爲大臣加號，意謂與太尉、司徒、司空三司待遇相同，許開設府署，任命僚屬。

[2]紞：馮紞，字少冑，本書卷三九有傳。

[3]竊：殿本作“切”。

[4]太祖：即司馬懿。

[5]愚冗：冗，殿本作“惷”，同“蠢”。

[6]仲由：子路，孔子弟子。

[7]冉求：孔子弟子。仲由被抑、冉求被進之事見《論語·先進》：“子路問：‘聞斯行諸？’子曰：‘有父兄在，如之何其聞斯行之？’冉有問：‘聞斯行諸？’子曰：‘聞斯行之。’公西華曰：‘由也問聞斯行諸，子曰有父兄在。求也問聞斯行諸，子曰聞斯行之。赤也惑，敢問。’子曰：‘求也退，故進之；由也兼人，故退之。’”

[8]漢高八王：劉邦稱帝後所封八個同姓王，即楚王劉交、齊王劉肥、吴王劉濞、淮南王劉長、燕王劉建、趙王劉如意、梁王劉

恢、代王劉恒。

[9]才見：宋本作“之見”，殿本作“才具”。

[10]軥張跋扈：囂張驕横。

[11]東方朔有言“談何容易”：語見《漢書》卷六五《東方朔傳》非有先生之論：“吴王曰：‘可以談矣，寡人將竦意而覽焉。’先生曰：‘於戲！可乎哉？可乎哉？談何容易！夫談有悖於目拂於耳謬於心而便於身者，或有説於目順於耳快於心而毁於行者，非有明王聖主，孰能聽之？’”

[12]《易》曰“臣不密則失身”：語見《易·繫辭上》：“君不密則失臣，臣不密則失身，幾事不密則害成……是以君子慎密而不出也。”

[13]太常：官名，漢代稱奉常，本掌禮樂宗廟、社稷祭祀，魏晋時此職掌歸尚書裁定，太常成爲閑職。三品。

惠帝即位，以華爲太子少傅，與王戎、裴楷、和嶠俱以德望爲楊駿所忌，[1]皆不與朝政。及駿誅後，將廢皇太后，會群官於朝堂，[2]議者皆承望風指，[3]以爲“《春秋》絶文姜，[4]今太后自絶於宗廟，亦宜廢黜”。惟華議以爲“夫婦之道，父不能得之於子，子不能得之於父，皇太后非得罪於先帝者也。今黨其所親，爲不母於聖世，宜依漢廢趙太后爲孝成后故事，[5]貶太后之號，還稱武皇后，居異宫，以全貴終之恩”。不從，遂廢太后爲庶人。

[1]王戎：字濬冲，本書卷四三有傳。　裴楷：字叔則，本書卷三五有傳。　和嶠：字長輿，本書卷四五有傳。

[2]群官：官，殿本作“臣”。

［3］承望風指：指，殿本作“旨”。

［4］《春秋》絶文姜：語出《左傳·莊公元年》：“三月，夫人孫於齊。不稱姜氏，絶不爲親，禮也。”意思是：莊公的母親文姜逃奔齊國，《春秋》不稱她“姜氏”，是因爲莊公與她斷絶了母子關係，不再是親人。這是合於禮的。

［5］趙太后：漢成帝皇后。原爲陽阿公主家歌女，因善舞體輕，故號飛燕。與其妹俱被召入宫中，姊妹專寵十餘年。哀帝即位後尊爲皇太后。哀帝死後被貶，旋廢爲庶人，自殺。

楚王瑋受密詔殺太宰汝南王亮、太保衛瓘等，[1]内外兵擾，朝廷大恐，計無所出。華白帝以“瑋矯詔擅害二公，將士倉卒，謂是國家意，故從之耳。今可遣騶虞幡使外軍解嚴，[2]理必風靡”。上從之，瑋兵果敗。[3]及瑋誅，[4]華以首謀有功，拜右光禄大夫、開府儀同三司、侍中、中書監，[5]金章紫綬。[6]固辭開府。

［1］太宰：官名，即太師，因避司馬師名諱而改名太宰。八公之一，居上公之首，爲宰相之任。一品。

［2］騶虞幡：一種繪有騶虞圖形的旗幟，用以傳旨解兵。趙翼《廿二史劄記》卷八：“晋制最重騶虞幡，每至危險時，或用以傳旨，或用以止兵，見之者輒慑伏而不敢動，亦一朝之令甲也。”解嚴：解除嚴加戒備的措施。

［3］瑋兵果敗：敗，宋本作“散”。

［4］及瑋誅：宋本無“誅”字。

［5］右光禄大夫：官名，齊王曹芳正始元年（240）在光禄大夫上增置左右，位在光禄大夫上。在朝顯職的加官，或授予年老有病致仕者，或授予死者。西晋時禄賜與特進同。二品，開府位從公者一品。　中書監：官名，中書省長官之一。三國魏文帝初年分秘

書置中書省，長官爲中書監、中書令。掌收納奏章、草擬詔令。平常不分高下，入朝時監略高於令。三品。

[6]金章紫綬：黄金印章，紫色綬帶。

賈謐與后共謀，[1]以華庶族，儒雅有籌略，進無逼上之嫌，退爲衆望所依，欲倚以朝綱，訪以政事。疑而未决，以問裴頠，[2]頠素重華，深贊其事。[3]華遂盡忠匡輔，彌縫補闕，雖當暗主虐后之朝，而海内晏然，華之功也。華懼后族之盛，作《女史箴》以爲諷。賈后雖凶妒，而知敬重華。久之，論前後忠勛，進封壯武郡公。華十餘讓，中詔敦譬，乃受。數年，代下邳王晃爲司空，[4]領著作。[5]

[1]賈謐：字長深，本書卷四〇有傳。

[2]裴頠：字逸民，本書卷三五有傳。

[3]深贊其事：其，原本、宋本無此字，殿本有，據殿本補。

[4]下邳王晃：司馬晃，字子明，本書卷三七有傳。

[5]著作：官名，即著作郎。三國時爲著作局長官，隸屬中書省。西晋時著作局改隸屬秘書省，長官仍爲著作郎。西晋後亦稱大著作郎、大著作、著作，掌國史及起居注的修撰。晋南北朝時爲清要之官，多由有名望的文學之士擔任，也用司空、侍中、尚書等官典領。職閑位重，南朝時多爲貴族起家官。六品。

及賈后謀廢太子，左衛率劉卞甚爲太子所信遇，[1]每會宴，[2]卞必預焉。屢見賈謐驕傲，太子恨之，形於言色，謐亦不能平。卞以賈后謀問華，華曰："不聞。"卞曰："卞以寒悴，自須昌小吏受公成拔，[3]以至今日。

士感知己，是以盡言，而公更有疑於卞邪！”華曰：“假令有此，君欲如何？”卞曰：“東宫俊乂如林，四率精兵萬人。公居阿衡之任，[4]若得公命，皇太子因朝入録尚書事，廢賈后於金墉城，[5]兩黄門力耳。”華曰：“今天子當陽，[6]太子，人子也，吾又不受阿衡之命，忽相與行此，是無其君父，而以不孝示天下也。雖能有成，猶不免罪，况權戚滿朝，威柄不一，而可以安乎！”及帝會群臣於式乾殿，出太子手書，遍示群臣，莫敢有言者。惟華諫曰：“此國之大禍。自漢武以來，每廢黜正嫡，恒至喪亂。且國家有天下日淺，願陛下詳之。”尚書左僕射裴頠以爲宜先檢校傳書者，[7]又請比校太子手書，不然，恐有詐妄。賈后乃内出太子素啓事十餘紙，衆人比視，亦無敢言非者。議至日西不决，后知華等意堅，因表乞免爲庶人，帝乃可其奏。

[1]左衛率：官名，即太子左衛率，西晋武帝泰始五年（269）分太子衛率而置，領精兵萬人，宿衛東宫，亦任征伐。五品。

[2]爲太子所信遇，每會宴：殿本作“爲太子所信，每遇會宴”。

[3]須昌：縣名，治所在今山東省東平縣西北。

[4]阿衡：商代官名。師保之官。一説伊尹名阿衡。後引申爲任國家輔弼之任，宰相之職。

[5]金墉城：三國魏明帝時築。位於今河南省洛陽市東北漢魏洛陽城故址西北角。三面開門，南曰乾光門，東曰含春門，北曰逷門。城内又置西宫，西晋改爲永昌宫。魏晋時被廢的皇帝及后妃都安置於此。城小而固，爲攻占戍守要地。

[6]當陽：古稱天子南面向陽而治。

[7]尚書左僕射：官名，尚書省次官，輔助尚書令執行政務，參議大政，諫諍得失，監察糾彈百官。有時尚書省不置令，衹設左、右僕射，此時左僕射居右僕射之上。三品。

初，趙王倫爲鎮西將軍，[1]撓亂關中，氐羌反叛，[2]乃以梁王肜代之。[3]或説華曰："趙王貪昧，信用孫秀，[4]所在爲亂，而秀變詐，奸人之雄。今可遣梁王斬秀，刈趙之半，以謝關右，不亦可乎！"華從之，肜許諾。秀友人辛冉從西來，[5]言於肜曰："氐羌自反，非秀之爲。"故得免死。倫既還，諂事賈后，因求録尚書事，後又求尚書令。華與裴頠皆固執不可，由是致怨，倫、秀疾華如仇。武庫火，華懼因此變作，列兵固守，然後救之，故累代之寶及漢高斬蛇劍、王莽頭、孔子屐等盡焚焉。[6]時華見劍穿屋而飛，莫知所向。

[1]趙王倫：司馬倫，字子彝，本書卷五九有傳。

[2]氐羌：氐族和羌族，古代生活在西北地區的少數民族。

[3]梁王肜：司馬肜，字子徽，本書卷三八有傳。

[4]孫秀：西晋琅邪臨沂（今山東省臨沂市）人，趙王倫心腹。趙王倫執政後任中書令，威震朝廷。趙王倫稱帝，任侍中、中書監、驃騎將軍。趙王倫失敗後被殺。

[5]辛冉：西晋隴西（今甘肅省隴西縣東南）人，任廣漢太守。

[6]孔子屐：屐，殿本作"履"。

初，華所封壯武郡有桑化爲柏，識者以爲不祥。又華第舍及監省數有妖怪。少子韙以中臺星坼，[1]勸華遜位。華不從，曰："天道玄遠，惟修德耳。[2]不如静以待之，以俟天命。”及倫、秀將廢賈后，秀使司馬雅夜告華曰：“今社稷將危，趙王欲與公共匡朝廷，爲霸者之事。”華知秀等必成篡奪，乃距之。雅怒曰：“刃將加頸，[3]而吐言如此！”不顧而出。華方晝卧，忽夢見屋壞，覺而惡之。是夜難作，詐稱詔召華，遂與裴頠俱被收。華將死，謂張林曰：[4]“卿欲害忠臣邪？”林稱詔詰之曰：“卿爲宰相，任天下事，太子之廢，不能死節，何也？”華曰：“式乾之議，臣諫事具存，非不諫也。”林曰：“諫若不從，何不去位？”華不能答。須臾，使者至曰：“詔斬公。”華曰：“臣先帝老臣，中心如丹。臣不愛死，懼王室之難，禍不可測也。”遂害之於前殿馬道南，夷三族，朝野莫不悲痛之。時年六十九。

[1]中臺星拆：《資治通鑑》卷八三《晋紀》惠帝永康元年爲“中臺星拆”。胡三省注：“《史記·天官書》曰：‘魁下六星，兩兩而比者曰三臺。三臺色齊，君臣和；不齊，君臣乖戾。’《漢·天文志》曰：‘三臺曰泰階：上階，上星爲天子，下星爲女主；中階，上星爲諸侯、三公，下星爲卿、大夫；下階，上星爲士，下星爲庶人。拆者，兩星不相比也。’”

[2]惟修德耳：殿本“德”下有“以應文”三字。

[3]刃將加頸：刃，殿本作“刀”。

[4]張林：趙王司馬倫黨羽，與孫秀均爲司馬倫所重用。後因與孫秀不和，孫秀乃勸司馬倫將其誅殺。

華性好人物，誘進不倦，至于窮賤候門之士有一介之善者，便咨嗟稱咏，爲之延譽。雅愛書籍，身死之日，家無餘財，惟有文史溢于機篋。[1]嘗徙居，載書三十乘。秘書監摯虞撰定官書，[2]皆資華之本以取正焉。天下奇秘，世所希有者，悉在華所。由是博物洽聞，世無與比。

[1]機篋：機，殿本作“几”。

[2]秘書監：官名，秘書省長官，掌管藝文圖籍、課試署吏，統著作局，掌國史修撰並管理中外三閣圖書。三品。　摯虞：字仲洽，本書卷五一有傳。

惠帝中，人有得鳥毛長三丈，以示華。華見，慘然曰：“此謂海鳧毛也，出則天下亂矣。”陸機嘗餉華鮓，[1]于時賓客滿座，華發器，便曰：“此龍肉也。”衆未之信，華曰：“試以苦酒濯之，必有異。”既而五色光起。機還問鮓主，果云：“園中茅積下得一魚，[2]質狀殊常，以作鮓，過美，故以相獻。”武庫封閉甚密，其中忽有雉雊。[3]華曰：“此必蛇化爲雉也。”開視，雉側果有蛇蜕焉。吴郡臨平岸崩，[4]出一石鼓，槌之無聲。帝以問華，華曰：“可取蜀中桐材，刻爲魚形，扣之則鳴矣。”於是如其言，果聲聞數里。

[1]陸機：字士衡，本書卷五四有傳。　鮓：腌魚。

[2]得一魚：一，原本無此字，作一字空白，宋本作“一”，殿本作“一白”，據宋本補。

[3]雉雊：雉鳴叫。

[4]吴郡：治所在吴縣（今江蘇省蘇州市）。

初，吴之未滅也，斗牛之間常有紫氣，[1]道術者皆以吴方强盛，未可圖也，惟華以爲不然。及吴平之後，紫氣愈明。華聞豫章人雷焕妙達緯象，乃要焕宿，屏人曰："可共尋天文，知將來吉凶。"因登樓仰觀。焕曰："僕察之久矣，惟斗牛之間頗有異氣。"華曰："是何祥也？"焕曰："寶劍之精，上徹於天耳。"華曰："君言得之。吾少時有相者言，吾年出六十，位登三事，當得寶劍佩之。斯言豈效與！"因問曰："在何郡？"焕曰："在豫章豐城。"[2]華曰："欲屈君爲宰，密共尋之，可乎？"焕許之。華大喜，即補焕爲豐城令。焕到縣，掘獄屋基，入地四丈餘，得一石函，光氣非常，中有雙劍，[3]並刻題，一曰龍泉，一曰太阿。其夕，斗牛間氣不復見焉。焕以南昌西山北巖下土以拭劍，光芒艷發。大盆盛水，置劍其上，視之者精芒炫目。遣使送一劍并土與華，留一自佩。或謂焕曰："得兩送一，張公豈可欺乎？"焕曰："本朝將亂，張公當受其禍。此劍當繫徐君墓樹耳。靈異之物，終當化去，不永爲人服也。"華得劍，寶愛之，常置坐側。華以南昌土不如華陰赤土，[4]報焕書曰："詳觀劍文，乃干將也，莫邪何復不至？雖然，天生神物，終當合耳。"因以華陰土一斤致焕。焕更以拭劍，倍益精明。華誅，失劍所在。焕卒，子華爲州從事，持劍行經延平津，[5]劍忽於腰間躍出墮水。使人没水取之，不見劍，但見兩龍各長數丈，蟠縈有文章，没者懼而反。須臾光彩照水，波浪驚沸，於是失劍。華嘆曰："先君化去之言，張公終合之論，此其驗乎！”華之博物多此類，不可詳載焉。

[1]斗牛之間：斗宿和牛宿。二十八星宿中的兩個。

[2]豐城：縣名，治所在今江西省豐城市南。

[3]中有雙劍：宋本無“中”字。

[4]華陰：縣名，治所在今陝西省華陰市東南。

[5]延平津：簡稱延津，又名劍津。位於今福建省南平市東南劍溪、西溪匯流處。

後倫、秀伏誅，齊王冏輔政，[1]摯虞致箋於冏曰：“間於張華没後入中書省，[2]得華先帝時答詔本草。先帝問華可以輔政持重付以後事者，華答：‘明德至親，莫如先王，宜留以爲社稷之鎮。’其忠良之謀，款誠之言，信於幽冥，没而後彰，與苟且隨時者不可同世而論也。議者有責華以愍懷太子之事不抗節廷争。當此之時，諫者必得違命之死。先聖之教，死而無益者，不以責人。故晏嬰，[3]齊之正卿，不死崔杼之難；[4]季札，[5]吴之宗臣，不争逆順之理。[6]理盡而無所施者，固聖教之所不責也。”冏於是奏曰：“臣聞興微繼絶，聖王之高政；貶惡嘉善，《春秋》之美義。是以武王封比干之墓，[7]表商容之間，[8]誠幽明之故有以相通也。孫秀逆亂，滅佐命之國，誅骨鯁之臣，以斵喪王室；肆其虐戾，功臣之後，多見泯滅。張華、裴頠各以見憚取誅於時，解系、解結同以羔羊並被其害，[9]歐陽建等無罪而死，[10]百姓憐之。今陛下更月日之光，[11]布惟新之命，[12]然此等諸族未蒙恩理。昔欒郤降在皂隸，[13]而《春秋》傳其違；

幽王絶功臣之後,[14]棄賢者子孫，而詩人以爲刺。[15]臣備忝在職,[16]思納愚誠。若合聖意，可令群官通議。”議者各有所執，而多稱其冤。壯武國臣竺道又詣長沙王,[17]求復華爵位，依違者久之。

[1]齊王冏：司馬冏，字景治，本書卷五九有傳。

[2]間：近來。　中書省：官署名。三國魏文帝初年分秘書省置，爲掌管機要、出納政令章奏的宫廷政治機構，收納群臣奏疏，草擬皇帝詔令，兼領修史、記録皇帝起居。以中書監、令爲長官，下設通事郎、著作郎等官。

[3]晏嬰：即晏子。春秋時夷濰（今山東省高密市）人，字平仲。齊國大夫，機智善辯，敢於諫諍，生活節儉。歷仕齊靈公、莊公、景公三朝。

[4]不死崔杼之難：事見《左傳・襄公二十五年》：崔杼殺了齊莊公，晏嬰認爲，國君爲國而死，則臣下也爲他而死；爲國而逃亡，則臣下也爲他而逃亡。如果國君爲自己而死、爲自己而逃亡，就不能爲他而死、爲他而亡了。於是來到莊公屍體旁，大哭一場，然後離開。有人勸崔杼殺了晏嬰，崔杼認爲晏嬰是百姓仰望的人，放了他能得民心。

[5]季札：春秋時吴國人，又稱公子札。奉使到魯國，觀賞周代歌舞音樂，加以分析，藉此評論周朝及諸侯盛衰大勢。

[6]不争逆順之理：季札出使各國，在齊國，勸晏子交還封邑以避禍；在鄭國，勸將來能掌握國家大權的子産要謹慎處事；在晋國喜歡韓趙魏三家權臣，預言晋國之權將來一定會落入私家，並告訴叔向如何保身免禍。所有這些，都不涉及取得權力的逆順。

[7]封：用土堆起墓冢。　比干：商紂之諸父，又稱王子比干、干叔。因直言勸諫商紂被殺，並被剖心。

[8]表商容之間：商容，殷紂王時的賢者，受百姓愛戴，却被

紂王廢黜。周武王滅商後，在商容的居住地爲其立碑表彰。事見《史記》卷三《殷本紀》。

[9]解系：字少連，本書卷六〇有傳。　解結：字叔連，本書卷六〇有傳。

[10]歐陽建：西晉渤海南皮（今河北省南皮縣東北）人，字堅石，石崇外甥。在玄學方面主張"言盡意"，與王弼等人的"言不盡意"相左。

[11]更月日之光：月日，殿本乙作"日月"。

[12]惟新：惟，殿本作"維"。

[13]欒郤降在皂隸：《左傳·昭公三年》："叔向曰：'雖吾公室，今亦季世也。戎馬不駕，卿無軍行，公乘無人，卒列無長。庶民罷敝，而宮室滋侈。道殣相望，而女富溢尤。民聞公命，如逃寇仇。欒、郤、胥、原、狐、續、慶、伯，降在皂隸。政在家門，民無所依，君日不悛，以樂慆憂。公室之卑，其何日之有？'"

[14]幽王：周幽王，名宮涅，周宣王之子。西周最後一個國王，寵愛褒姒，廢太子申侯，立褒姒子伯服爲太子。申侯聯合犬戎將其推翻。

[15]詩人以爲刺：語出《詩·小雅·裳裳者華》："裳裳者華，刺幽王也。"毛亨傳："刺幽王也。古之仕者世禄。小人在位則讒諂並進，棄賢者之類，絶功臣之世焉。"

[16]臣備忝在職：中華本校勘記："'在職'宜從《解系傳》作'右職'。右職，高職也，見《漢書·循吏·文翁傳》。"

[17]長沙王：司馬乂，字士度，本書卷五九有傳。

太安二年，[1]詔曰："夫愛惡相攻，佞邪醜正，自古而有。故司空、壯武公華竭其忠貞，思翼朝政，謀謨之勛，每事賴之。前以華弼濟之功，宜同封建，而華固讓至于八九，深陳大制不可得爾，終有顛敗危辱之慮，辭義懇誠，足勸遠近。華之至心，誓於神明。華以伐吴之勛，受爵於先帝。後封既非國體，又不宜以小功逾前大賞。華之見害，俱以奸逆圖亂，濫被枉賊。其復華侍中、中書監、司空、公、廣武侯及所没財物與印綬符策，遣使吊祭之。”

[1]太安二年：二，宋本作“一”。

初，陸機兄弟志氣高爽，自以吴之名家，初入洛，不推中國人士，見華一面如舊，欽華德範，如師資之禮焉。華誅後，作誄，又爲《咏德賦》以悼之。

華著《博物志》十篇，及文章並行於世。二子：禕、韙。

禕，字彦仲，好學，謙敬有父風，歷位散騎常侍。韙，儒博曉天文，散騎侍郎。同時遇害。禕子輿，字公安，襲華爵。避難過江，辟丞相掾、太子舍人。[1]

[1]丞相掾：丞相府屬官。

劉卞，字叔龍，東平須昌人也。本兵家子，[1]質直少言。少爲縣小吏，功曹夜醉如厠，[2]使卞執燭，[3]不從，功曹銜之，以他事補亭子。有祖秀才者，於亭中與刺史箋，久不成，卞教之數言，[4]卓犖有大致。秀才謂縣令曰：“卞，公府掾之精者，卿云何以爲亭子？”[5]令即召爲門下史，[6]百事疏簡，不能周密。令問卞：“能學不?”答曰：“願之。”即使就學。無幾，卞兄爲太子長兵，既死，兵例須代，功曹請以卞代兄役。令曰：“祖秀才有言。”遂不聽。卞後從令至洛，得入太學，[7]試經爲臺四品吏。訪問令寫黄紙一鹿車，[8]卞曰：“劉卞非爲人寫黄紙者也。”訪問知怒，言於中正，[9]退爲尚書令史。[10]或謂卞曰：“君才簡略，堪大不堪小，不如作守舍人。”卞從其言。

[1]兵家子：兵家後代。魏晋士家制度，士兵列入軍籍，世代爲兵。此稱“兵家”或“軍户”。

[2]功曹：官名，即功曹史。郡縣屬官，執掌人事，參與郡縣政務。兩晋時，不開府將軍、太子二傅、特進、郡縣皆置。

[3]執燭：宋本無“執”字。

[4]“不從”至“久不成，卞”：宋本無此段文。

[5]卿：殿本無此字。

[6]門下史：官名，郡縣官府親近屬官，掌衆雜事。位高於記室史。

[7]太學：古代設於京城的最高學府，主要從事儒學教育。

[8]訪問：魏晋南北朝時中正的屬官，根據鄉里的評論寫出對本地士族的“品”“狀”，再由中正裁定。還負責管理記載品、狀的黄紙。

[9]中正：魏晋時期評定士人品第的官員。郡設中正，州設大中正。朝廷根據中正所評士人的品第授予官職。

[10]尚書令史：官名，尚書省屬官，尚書省諸曹均置，頗有實權。八品。

後爲吏部令史，[1]遷齊王攸司空主簿，轉太常丞、司徒左西曹掾、尚書郎，[2]所歷皆稱職。累遷散騎侍郎，除并州刺史。[3]入爲左衛率，知賈后廢太子之謀，甚憂之。以計干張華而不見用，益以不平。賈后親黨微服聽察外間，頗聞卞言，乃遷卞爲輕車將軍、雍州刺史。[4]卞知言泄，恐爲賈后所誅，乃飲藥卒。初，卞之并州，[5]昔同時爲須昌小吏者十餘人祖餞之，[6]其一人卿卞，卞遣扶出之，人以此少之。[7]

[1]吏部令史：官名，尚書省吏部曹長官，掌銓選。八品。

[2]太常丞：官名，太常副貳，掌管宗廟祭祀禮儀的具體事務。七品。　司徒左西曹掾：官名，司徒府左西曹長官，掌府吏署用事。七品。左西曹，官署名，司徒府特設屬曹，位在諸曹之上。

[3]并州：治所在晋陽縣（今山西省太原市西南）。

[4]輕車將軍：官名，東漢末一度地位較高，在九卿及衛將軍之上。三國魏以後地位稍降，爲將軍名號。五品。　雍州：治所在長安（今陝西省西安市西北）。

[5]卞之并州：之，殿本作“知”。

[6]小吏：吏，原本、宋本作“史”，殿本作“吏”，據殿本改。

[7]少：輕視，鄙視。

史臣曰：夫忠爲令德，學乃國華，譬衆星之有禮義，人倫之有冠冕也。衛瓘撫武帝之床，張華距趙倫之命，進諫則伯玉居多，臨危則茂先爲美。遵乎險轍，理有可言：昏亂方凝，則事睽其趣；松筠無改，[1]則死勝於生，固以赴蹈爲期，而不辭乎傾覆者也。俱陷淫網，同嗟承劍，邦家殄瘁，不亦傷哉！

[1]松筠：松樹和竹子。《禮記·禮器》："其在人也，如竹箭之有筠也，如松柏之有心也。二者居天下之大端矣，故貫四時而不改柯易葉。"

贊曰：賢人委質，道映淩寒。尸禄觀敗，吾生未安。衛以賈滅，張由趙殘。忠於亂世，自古爲難。